5 décadas em questão

5 décadas em questão

Severino Cabral *organizador*
Annita Macedo, Candido Mendes de Almeida, Carlos Lessa
Carlos Nelson Coutinho, César Benjamim, Darc Costa
Eduardo Portella, Emmanuel Carneiro Leão, Leandro Konder
Manoel Barros da Motta, Renato Lessa, Sergio Paulo Rouanet

50 Anos
Livraria Leonardo da Vinci
EDIÇÃO COMEMORATIVA

MAUAD

Direitos desta edição reservados à
MAUAD Editora Ltda.
Av. Treze de Maio, 13, Grupo 507 a 509 — Centro
CEP: 20031-007 — Rio de Janeiro — RJ
Tel.: (21) 2533.7422 — Fax: (21) 2220.4451
www.mauad.com.br

Capa:
Susan Johnson

Foto da Livraria Leonardo da Vinci (Capa e 4ª Capa):
José Borges de Oliveira

Ilustrações da Capa e 4ª Capa:
Alexandre Alves

Coordenação/Revisão:
Severino Cabral

Projeto Gráfico:
Núcleo de Arte/Mauad Editora

CIP - Brasil - Catalogação na Fonte
Sindicato Nacional dos Editores de Livros, RJ.

C517

5 décadas em questão: 50 anos da Livraria Leonardo da Vinci / organização Severino Cabral - Rio de Janeiro: Mauad, 2004.

Ciclo de Debates realizados na Biblioteca Nacional de 5 de novembro a 10 de dezembro de 2002, em comemoração aos 50 anos da Livraria Leonardo da Vinci.

ISBN 85-7478-127-4

1. Brasil - História - 1945-. 2. Civilização moderna - 1945-. 3. Livraria Leonardo da Vinci - Aniversários, etc. I. Cabral, Severino.

04-0767. CDD 981
CDD 94 (81)

Livraria

Ao termo da espiral
que disfarça o caminho
com espadanas de fonte,
e ao peso do concreto
de vinte pavimentos,
a loja subterrânea
expõe os seus tesouros
como se os defendesse
de fomes apressadas.

Ao nível do tumulto
de rodas e de pés,
não se decifra a oculta
sinfonia de letras
e cores enlaçadas
no silêncio de livros
abertos em gravura.

Aquário de aquarelas,
mosaicos, bronzes,
nus,
arabescos de Klee,
piscina onde flutuam
sistemas e delírios
mansos de filósofos,
sentido e sem-sentido
das ciências e artes
de viver: a quem sabe
mergulhar numa página,
o trampolim se oferta.

A vida chega aqui
filtrada em pensamento
que não fere; no enlevo
tátil-visual de idéias
reveladas na trama
do papel e que afloram
aladamente dançam
quatro metros abaixo
do solo e das angústias
o seu balé de essências
para o leitor liberto.

Carlos Drummond de Andrade
(Poema em homenagem à Livraria Leonardo da Vinci)

SUMÁRIO

50 anos
da Livraria Leonardo da Vinci

Aniversário a gente comemora com amigos. Se isso é verdade para as pessoas, como então festejar o aniversário de uma livraria? Afinal, não é todo dia que uma empresa como a nossa chega aos 50 anos. Enquanto na Europa é comum encontrar firmas mais do que centenárias, infelizmente o mesmo não acontece aqui. Mais difícil ainda quando se trata de uma livraria independente, de caráter familiar, escondida num subsolo, e dedicada unicamente à venda de livros!

Apesar de ventos e marés, conseguimos atravessar meio século.

Inaugurada em 1952, no 18° andar do edifício Delamare, na Avenida Presidente Vargas, por Andrei Duchiade, advogado romeno, e por Vanna Piraccini, sua mulher, a Livraria Leonardo da Vinci completou 50 anos no segundo semestre de 2002.

Não foi uma travessia tranqüila.

Após mudar-se para a Avenida Rio Branco, em 1956, endereço que ocupa até hoje, a Livraria cresceu, tornando-se ponto de encontro de intelectuais, juristas, professores e estudantes. Nos seus primeiros anos, trabalhava apenas com livros importados da França. Em 1965, seu fundador, Andrei, faleceu repentinamente, deixando a empresa em concordata, após uma malsucedida experiência no mercado editorial de livros infantis. Desde então, a Livraria passou a ser dirigida por Vanna, sua viúva.

Foram muitas peripécias.

Em 6 de dezembro de 1973, já com as finanças saneadas, a Livraria sofreu outro golpe: um incêndio destruiu completamente suas instalações e todo seu estoque, às vésperas do Natal. O mesmo já havia ocorrido com a Livraria Civilização Brasileira, do saudoso Ênio Silveira. Eram tempos difíceis, quando a censura questionava até mesmo o título de um livro como "O Vermelho e o Negro", e a Leonardo da Vinci era dos poucos lugares onde podiam ser encontrados autores de todas as correntes, de Gustavo Corção e Carlos Lacerda a Marx, Gramsci, Althusser ou Lukács.

Mas Dª. Vanna não desistiu. Uma campanha iniciada por Carlos Drummond de Andrade através do *Jornal do Brasil* conclamou os clientes a pagarem suas contas na Livraria (muitos compravam a crédito, e os arquivos haviam sido perdidos). Antes do fim do ano, uma pequena loja foi alugada num prédio próximo, na Rua da Ajuda, e a Livraria reabriu, com livros que estavam no cais do Porto.

Daí para frente, não parou mais.

Aos poucos, ampliou o leque de países dos quais importa livros: Estados Unidos, Inglaterra, Itália, Espanha, Portugal, Alemanha e até a China! Hoje, são quatro lojas no subsolo do Edifício Marquês do Herval, além de uma extensão na Zona Sul da cidade, a Piccola da Vinci, inaugurada em 1997.

Inflação, hiperinflação, planos e pacotes econômicos – cruzado, novo cruzado, real – novas tecnologias – computadores, Internet – globalização, carga tributária, nada disso tirou o ânimo dessa senhora nascida em Bolonha, na Itália, criada entre os montes Cárpatos, na Romênia, hoje Cidadã Carioca, que continua trabalhando diariamente.

Por isso precisávamos comemorar essa jornada.

Ao invés de uma festa, resolvemos reunir aqueles que são a razão de ser da Livraria – os autores, que escrevem os livros – e aqueles que tornam possível sua sobrevivência – os leitores, nossos clientes – num Ciclo de Debates. Um Ciclo que discutisse as cinco décadas que atravessamos juntos, nós, da Leonardo da Vinci, autores, leitores e o Brasil. Décadas de transformações, de crises, mas também de vitórias e esperanças.

5 Décadas em Questão. Dois autores, intelectuais importantes, pensadores escolhidos entre os clientes e amigos da Livraria, para discutir cada década; um coordenador, Severino Bezerra Cabral, amigo, cliente e antigo funcionário da casa; um auditório, o da **Biblioteca Nacional**, generosamente cedido pelo seu então presidente, Eduardo Portella, velho amigo e cliente, também escritor; um patrocinador, a **Bradesco Seguros**, dirigida por outro antigo cliente e amigo Eduardo Baptista Vianna; o apoio do *Jornal do Brasil*, testemunha e intérprete deste século em que vivemos; os leitores, clientes da livraria, ávidos pela troca de idéias, que lotaram todas as seis palestras, realizadas entre 5 de novembro e 10 de dezembro de 2002; e finalmente uma jovem editora, cheia de energia e coragem, Isabel Mauad, que aceitou o desafio de tornar perene as conferências, transformando-as em livro.

A todos os que aceitaram nosso convite, e tornaram esta celebração possível, nosso muito obrigado. A publicação desta obra, com o resumo das palestras então proferidas, completa o ciclo de comemorações.

E agora?

Na alvorada deste novo milênio, a humanidade defronta-se com questões cruciais. Nunca antes estiveram a nosso alcance tantos meios de dominar, explorar mas também destruir a Natureza e a própria vida na Terra. O fim das utopias e a crise das ideologias ainda não nos permitem ver com clareza o que virá depois. O abismo entre Norte e Sul, Centro e Periferia, ricos e pobres aprofunda-se em escala planetária. A Paz parece miragem distante.

Para compreender nosso mundo, os livros continuarão a ser necessários por muito tempo ainda. Também as livrarias deverão manter seu lugar, mesmo se aliadas a novas alternativas tecnológicas, como a Internet.

Quanto a nós, pretendemos continuar a exercer nosso ofício. Nos inspiramos em nosso patrono, Leonardo da Vinci, artista, cientista, inventor, nascido num lugarejo da Itália em 1452, cuja memória permanece viva entre nós.

Queremos continuar fiéis à tradição clássica, mas contemporâneos à nossa época, atentos às novas tendências do pensamento mundial, das Ciências e das Artes.

Prontos para os próximos cinqüenta, cem, quiçá quinhentos anos.

Reunindo autores, editores, livros e leitores, como fizemos até aqui....

Rio de Janeiro, 11 de março de 2004

Milena Piraccini Duchiade*

* Gerente da Livraria Leonardo da Vinci.

APRESENTAÇÃO

Severino Cabral*

Os anos 50 e 60 do século XX foram vividos intensamente no Brasil e no mundo. Havia pouco terminara a Segunda Guerra, o mundo já se envolvera na Guerra Fria e uma grande expectativa cercava o processo de desenvolvimento das antigas colônias européias de África e Ásia. No Brasil, o segundo governo Vargas dava início ao desenvolvimento industrial urbano, que mudaria em pouco mais de duas décadas o perfil da sociedade brasileira.

A vida intelectual e artística sentia os ventos da mudança e uma geração amadurecia enquanto outra mais jovem chegava à cena pública. Aos grandes nomes da primeira geração do modernismo brasileiro juntavam-se os da geração de 45 e dos novos movimentos que surgiram no após Guerra. A maturidade de poetas e escritores do porte de Bandeira, Drummond e Graciliano acompanhava o surgimento de obras extraordinárias na poesia e no romance de autoria de João Cabral, Guimarães Rosa e Clarice Lispector.

A construção de Brasília e a implantação de uma indústria automobilística no Brasil no governo Juscelino Kubitschek aceleram as transformações do mundo urbano criando novos atores e pautas culturais, tais como: o novo estilo arquitetônico, a poesia concreta, a bossa nova, o cinema novo e o teatro de arena. Os anos 50 evocam ainda hoje à memória e sensibilidade cultural brasileira, no plano nacional, fatos marcantes como a criação da Petrobras e o suicídio de Getulio Vargas; no plano internacional, a segunda morte de Stalin no XX Congresso do PCUS e o começo da era espacial. Todos esses acontecimentos geravam impulsos renovadores que repercutiam nas várias esferas da cena brasileira, sobretudo na do pensamento sobre os rumos e o destino do Brasil.

Desse modo é que o grande debate sobre o desenvolvimento nacional brasileiro, que se seguiu à Segunda Guerra e aos começos da Guerra Fria, exigiu, e finalmente impôs, a criação de instituições dedicadas ao estudo e à reflexão sobre esta temática. Elas deveriam nutrir o debate com estudos teóricos e práticos, inspirando-se no que era elaborado no mundo desenvolvido, sem perder o fio condutor do pensamento nacional brasileiro, tal como se delineara no início do

* Doutor em Ciências Sociais: Sociologia, Universidade de São Paulo – USP; diplomado na Escola Superior de Guerra – ESG. Curso de Altos Estudos de Política e Estratégia, diretor do Programa China Ásia Pacífico do Centro de Estudos Afro-Asiáticos – CEAA da Universidade Candido Mendes – Ucam. Adjunto da Divisão de Assuntos Internacionais da ESG.

século XX, com a emergência da primeira geração republicana representada por Euclides da Cunha, Silvio Romero e Alberto Torres. Esses pensadores agiam em continuidade e paralelamente aos homens de Estado que, oriundos da tradição do Brasil monárquico, deram forma ao Brasil Republicano, como Rui Barbosa, Joaquim Nabuco e o Barão de Rio Branco. E que mais tarde se consolidaria com a geração modernista e o ciclo iniciado pela Revolução de 30.

Assim destinado, nascia, em 1955, o Instituto Superior de Estudos Brasileiros, vinculado à Presidência da República, através do Ministério da Educação e Cultura. Ele veio acrescentar-se à Escola Superior de Guerra, que fora criada um pouco antes, em 1949, ligada também à Presidência da Republica, via Estado-Maior das Forças Armadas. Ambas eram instituições de altos estudos a serviço do Estado e reuniam o que havia de mais importante na cultura política civil e militar da época, extremando-se no árduo trabalho de pensar o desenvolvimento brasileiro. Mas os fatores de desenvolvimento traziam também elementos de instabilidade e crise. Ao longo da década de 60, a instabilidade e a crise foram crescendo no Brasil e no mundo e, tal como já ocorrera nos anos 30, resultaram na centralização do mando político do País nas Forças Armadas.

Os anos 60 assistiram à emergência de grandes acontecimentos no campo do conhecimento e da técnica. A marcha da corrida espacial levaria o homem ao espaço e à conquista do solo lunar. O triunfo das ciências, pois, inspirava e marcava revoluções na estrutura do pensamento filosófico e científico.

A universidade brasileira, depois de sofrer a influência do pensamento filosófico francês existencialista (Sartre e Merleau-Ponty), abria-se à recepção da corrente estruturalista de Lévi-Strauss, Lacan, Roland Barthes, Althusser e Foucault (seguidos pela contracorrente formada sobretudo por Derrida, Deleuse e Lyotard). Autores e obras que remetiam também a um pano de fundo representado pela epistemologia histórica francesa de Bachelard, Cavaillès, Koyré e Canguilhem. Constituía-se assim todo um campo de força teórico, sob a forte influência das obras de Marx, Freud e Nietzsche; na densa absorção da fenomenologia de Husserl e Heidegger; na apropriação de noções e conceitos desenvolvidos pelos filósofos da linguagem Frege, Russel e Wittgenstein e retomados pelos autores reunidos em torno do "Círculo de Viena" (de Carnap a Popper). E também dos influxos do neokantismo, do historicismo e do neo-hegelianismo da Alemanha weimariana, cujo veio principal gerou a Teoria Crítica da Escola de Frankfurt (Adorno, Horkheimer, Benjamin e Marcuse).

Os acontecimentos dos anos 50 e 60 ainda se fazem sentir nos rumos do país nesse começo de século e milênio. Objeto de análise de historiadores e sociólogos tem sido o papel desempenhado por instituições e personagens nacionais e internacionais naqueles decisivos decênios de mudança e ruptura. Até porque grande parte da atual direção do estado brasileiro está constituída de lideranças forjadas na experiência e no saber da época.

Os decênios que se seguiram até o final do século confirmaram parte dos grandes temas dos anos 50 e 60 e desenvolveram aspectos e problemas novos, tais como: o fim da Guerra Fria e a crise dos sistemas socialistas; as novas formas de sociabilidade geradas sob a tirania contemporânea das técnicas da informação em rede. Anos que mudaram a concepção e a percepção dos intelectuais sobre questões relacionadas à política e à cultura. A intensidade da crise gerou impasses que condicionaram e condicionam a estrutura mental de intelectuais em todo o mundo. E que entre nós despertam para o desafio de pensar o Brasil do fim do século e começo do milênio.

Os anos 70, 80 e 90 assistiram à consolidação de uma reflexão sobre o Brasil inovadora em relação a aspectos cruciais da nossa contemporaneidade. Ela retoma o fio corrente da tradição modernista para recriar uma certa imagem do ser brasileiro, uma forma-Brasil, no sentido de uma *Bildung* onto-conceitual. (Basta ler a obra de um Luiz Sergio Coelho de Sampaio para se dar conta de como se adensa o pensar filosófico brasileiro neste umbral do novo milênio).

Não se poderia deixar de observar que a saga intelectual brasileira que se inicia em 1950 tem pontos de ancoragem em pessoas e instituições que podem ser restituídas em sua inteira constituição à memória das gerações de hoje e de amanhã. Deve-se situar nesta linhagem a fundação em outubro de 1952 da Livraria Leonardo da Vinci, uma instituição que se tornaria um reduto da intelectualidade carioca e brasileira, aberta aos grandes temas do pensamento contemporâneo.

A Livraria, fundada e dirigida pelo casal Duchiade (André e Vanna Piraccini; hoje, liderada pela terceira geração representada por Milena Piraccini Duchiade), transformou-se no refúgio de leitores de todas as idades e de todas as gerações. Por "expor seus tesouros", "a loja subterrânea", na belíssima descrição do poeta Carlos Drummond de Andrade, passou a reunir em seu círculo interior toda a intelectualidade carioca e brasileira. Nomes da geração de 30 como Francisco Campos e Mecenas Dourado, Afonso Arinos, Carlos Drummond de Andrade e o caricaturista Alvarus, ou dos anos do pós Segunda Guerra, como San Thiago Dantas, Carlos Lacerda e Roberto Campos podiam conviver produtivamente com os expoentes do Grupo de Itatiaia, do ISEB — Helio Jaguaribe, Roland Corbisier, Candido Mendes, Eduardo Portella —, assim como com os novos valores da poesia e da prosa ensaística, como Mário Faustino, Bruno Tolentino, José Guilherme Merquior e Sergio Paulo Rouanet.

Nas estantes da Livraria os leitores encontravam-se com o que de mais importante e relevante era editado na França e outros centros de cultura universais. No mundo ao largo, o grande debate do século dividia corações e mentes e absorvia as energias de intelectuais como Mário Pedrosa, Ferreira Gullar, Jacob Gorender e Leandro Konder, de um lado, e de outro, igualmente engajados na leitura e reflexão, Djacir Menezes, Tarcisio Padilha, Gilberto e Antonio Paim.

E de repente, ao ritmo de uma nova estação literária, uma geração surgia com o intempestivo e a sem-cerimônia da juventude. Jovens intelectuais irrompiam em cena com o estrépito e o tumulto das novas idéias, denunciadas por uns como o novo ópio, saudadas por outros como um novo princípio arquimédico de sustentação do esforço de conhecimento do mundo. Mas, tanto para os antigos quanto para os modernos personagens da paisagem intelectual do Rio de Janeiro, erguia-se e ergue-se a Livraria num lugar central e mágico da cidade, onde na sensível evocação do poeta: *"ao termo da espiral que disfarça o caminho/ com espadanas de fonte/, e ao peso do concreto/ de vinte pavimentos/, a loja subterrânea/ expõe seus tesouros/ como se os defendesse de fomes apressadas"*.

Faz sentido, pois, neste umbral do século e do milênio que se iniciam, que os 50 anos de existência da Livraria Leonardo da Vinci, completados em coincidência com o centenário de nascimento do poeta Drummond, e também desta outra instituição cultural maior do Rio de Janeiro que é a Candido Mendes, sejam vistos neste ano da graça de 2002 como simbólicos da continuidade que através do tempo tem forjado a comunidade intelectual brasileira.

Deve-se evocar aqui a maneira como Leão Tolstoi, em "Os Dezembristas", rememorou e recriou numa breve síntese histórica e artística toda uma época da vida política e social russa(meados do século XIX), vivida intensamente por uma geração que era a sua —"constelada de problemas"—, na qual dizia ele:— *"escrevia-se, lia-se, propunham-se projetos com o desejo de corrigir, de mudar tudo, e, como um só homem, todos sentiam um entusiasmo indescritível"*.

Poder-se-ia transpor para a nossa época e o nosso país esta descrição, e ela seria mais do que adequada para exprimir a intensidade vivida por gerações de intelectuais que compartilharam as 5 décadas de existência da Livraria Leonardo da Vinci. Assim pensando, um grupo de intelectuais e amigos da livraria, entre os quais Eduardo Portella, diretor da Biblioteca Nacional*, cujo auditório serviu de sede dos encontros, ajudou a construir o ciclo de palestras em comemoração aos 50 anos da Livraria.

---

* Quando do seminário, Eduardo Portella era o presidente da Fundação Biblioteca Nacional.

As palestras foram imaginadas de forma a que se recriasse, sob as cores do debate atual, o ambiente de pensamento que animou as décadas de 50, 60, 70, 80 e 90. O tema mais relevante para cada década foi delineado seguindo a trilha do que pareceu naquele momento a percepção teórica e prática mobilizadora da comunidade acadêmica e dos leitores da livraria. Convencionou-se que, por ter o ciclo de palestras um caráter de homenagem ao cinqüentenário da Leonardo da Vinci, seriam convidados para debater o tema apenas amigos e clientes da Livraria, que tivessem o estatuto de intelectuais reconhecidos, e houvessem vivenciado o assunto em questão na década assinalada.

Desse modo, os anos 50 aparecem marcados pelo tema do nacionalismo e desenvolvimento. "Nacionalismo e Desenvolvimento", aliás, é o título de um livro de autoria de Candido Mendes, publicado pelo Instituto Brasileiro de Estudos Afro-Asiáticos, em 1962, que segue sendo um marco miliário na reflexão sobre a superação da situação colonial, no Terceiro Mundo, pela via do nacionalismo e do desenvolvimento. As questões que se debatem hoje em torno desse tema marcaram a abertura do ciclo e foram densamente discutidas nas apresentações feitas pelo Reitor Candido Mendes e o Embaixador Sergio Paulo Rouanet. Em suas falas ambos retomaram aspectos centrais do debate à luz dos desafios e impasses da hora atual. A apresentação de Candido Mendes, como autor e ator seminal do nacionalismo dos anos 50, representou um verdadeiro balanço da história cultural e política do Brasil, de Getulio Vargas a Luiz Inácio Lula da Silva.

Os anos 60 foram amplamente dominados pelo debate teórico em torno dos fundamentos epistemológicos das ciências da sociedade, apresentando-se o marxismo como a filosofia que estava na base dessas ciências. O renascer do marxismo na universidade e no sistema editorial do ocidente europeu e dos países anglo-saxões acompanhou o fenômeno da crise do marxismo no leste da Europa e na URSS. Entretanto, num movimento paralelo, surgia como um par contraditório do marxismo, a influenciar a pesquisa universitária ocidental, a figura do estruturalismo.

Lançada em livros e revistas, a moda estruturalista tornou-se polêmica e tomou conta da opinião e de alguns dos setores acadêmicos mais ilustres da universidade brasileira. Revistas como "Tempo Brasileiro" e "Civilização Brasileira" abriram suas páginas aos autores que inovavam o debate em torno da disputada questão sobre marxismo e estruturalismo (o que daria lugar a uma polêmica troca de conceitos entre o filósofo Carlos Escobar e o erudito escritor Oto Maria Carpeaux). Entre os que se debatiam com a questão, encontravam-se Leandro Konder e Carlos Nelson Coutinho. Nutridos de leituras marxistas, e bem assim dos clássicos contemporâneos do marxismo ocidental, como Gyorg Lukács e Antonio Gramsci, eles defrontaram-se com a visão estruturalista, e, isoladamente ou em parceria, escreveram sobre o tema. Ao revisitarem o assunto, Coutinho e Konder desenvolveram e apresentaram dois densos ensaios: o primeiro, um estudo sobre aspectos da polêmica estruturalista e o seu significado político atual; o segundo, uma tentativa de introduzir elementos teóricos para uma análise marxista contemporânea sobre a questão da ideologia como uma problemática.

A terceira série de palestras introduziu o tema do "Mal-estar da Civilização", teorizado por Freud. A disseminação da questão na universidade brasileira se faz nos anos 70 em decorrência da retomada das figuras de Marx, Nietzsche e Freud e da crise do paradigma marxista clássico, como elementos críticos da razão, que introduzem, cada qual a seu modo, o tema da crise da civilização ocidental. O impacto do tema se fez sentir na crescente ampliação do campo da psicanálise no debate sobre os fundamentos das ciências humanas, animado por autores como Lacan, Foucault, Deleuze, Lyotard e Derrida. Anita Macedo apresentou a questão sob o ângulo da concepção freudiana do instinto e da pulsão de vida, ao abordar a crise dos anos 70. Manoel Mota discorreu sobre o tema do "Mal-estar à crise da Civilização", ao explicitar a estrutura da relação do sujeito humano com a linguagem, e ao anunciar, a partir de Lacan, ser possível saber "que se trata agora de uma crise do real, que articula a nossa relação com o discurso científico".

A década de 80 por sua vez assiste à emergência de um "consenso básico" nas ciências sociais apoiado no que se denominou a revolução teórica neoconservadora ou neoliberal, que se apresenta como uma reposição em causa dos fundamentos epistemológicos do sistema de pensamento (o "paradigma") que serve de suporte à ideologia liberal. Autores como Milton Friedman, Friedrick Hayek, Von Mises, James Buchanan, Gordon Tullock e Gary Becker, entre outros, tornam-se conhecidos do grande público e da mídia internacional. Apresentados como um pano de fundo teórico da "globalização econômica", passam a existir como um cânone universal, que deve orientar as definições de macropolítica econômica para o conjunto da economia mundial, estabelecendo a ortodoxia do mercado como uma nova e incontrastável Teoria Geral. Na França, onde se ressente a forte influência anglo-saxônica implicada neste elenco de nomes e teorias, pouco a pouco vem se constituindo uma forte resistência ao que começam a denominar de o fenômeno do *"La Pensée Unique"*.

Ao comentar a expressão "crise do Estado", Renato Lessa busca uma nova definição para o problema, ao introduzir a avaliação de que uma das principais inovações civilizatórias do século XX, generalizada no após Segunda Guerra, pode ser descrita como a combinação de direitos individuais mais a generalização de direitos políticos básicos e a definição de uma pauta de direitos sociais. O que faz que se rompa com a receita neoliberal, no sentido que agrega elementos da concepção clássica e da teoria socialista ao liberalismo ético e político. Define assim o fenômeno da crise do Estado em nossa época como um real impossível de ser pensado pelo pensamento único. Em sua intervenção sobre os limites do pensamento único, César Benjamim realiza um exercício de crítica teórica dos fundamentos lógicos do pensamento dominante, em que busca demonstrar algumas fragilidades e vulnerabilidades presentes nas contradições das teorias neoliberais, e dos seus enunciados, frente a certos resultados econômicos e sociais, notadamente a crise do desenvolvimento que afeta a economia contemporânea.

Nos anos 90 assiste-se, de um lado, à consolidação da tendência à hegemonia unipolar, e de outro, a um amplo movimento mundial de ressurgência do nacionalismo e pela superação do unipolarismo. A vitória republicana nos Estados Unidos e os acontecimentos do 11 de setembro de 2001, porém, radicalizaram o ambiente e o macroclima internacional do começo do século XXI. A situação internacional parece dividida e tensionada diante da pressão exercida pela superpotência global na busca de uma supremacia indisputada sobre todos os outros membros da comunidade internacional, e, por outro lado, a tendência à multipolaridade.

A discussão e o debate sobre o papel internacional do Brasil frente à globalização econômica e às pressões hegemônicas têm estimulado e aumentado, no meio acadêmico e junto à opinião pública, o interesse pelos estudos internacionais e estratégicos. Para responder ao desafio da globalização, e os fenômenos negativos com que se apresenta o discurso recente da dominação, Darc Costa torna explícito, em sua intervenção, o "sonho brasileiro de construir", por meio do processo da mundialização, em curso desde a época dos descobrimentos, "uma única pátria humana e um mundo mais solidário". Para enfrentar com êxito o desafio e desmontar o aparato ideológico que justifica uma economia política contrária aos interesses nacionais brasileiros, Carlos Lessa ressalta em sua fala a necessidade inadiável de "se recuperar a autoestima da cidadania e da Nação".

Concluída a série de palestras, proferidas em função das 5 questões propostas pelas 5 décadas, encerrou-se o ciclo em comemoração aos 50 anos da Livraria Leonardo da Vinci com as palestras de Eduardo Portella e Emmanuel Carneiro Leão sobre a modernidade e a pós-modernidade.

Para Eduardo Portella o debate sobre a modernidade e a pós-modernidade apresenta-se em débito. Porque entre a secularização e a emancipação, dirá, uma estranha opacidade instalou-se desde há três décadas no que ele identifica como a "baixa modernidade". Daí as três provocações que se permite: 1) a modernidade pensada no singular retém, paralisa ou estanca "o vigor constitutivo da aventura moderna"; 2) a arritmia marca e caracteriza a "tentação de uma cultura pós-moderna" "se a sociedade é pós-industrial e o conhecimento pós-econômico"; 3) "o pós-moderno pode estar na retaguarda do moderno, toda vez que debilite e dissolva as linhas de força da modernidade". Emmanuel Carneiro Leão dirá, por fim, que a pós-modernidade (...) "é o jogo de suspensão da metafísica ocidental em seu tríplice fim"; onde o "jogo da vida e da morte se transfere para a vontade de poder, para o eterno retorno e a imortalidade da finitude histórica". A reflexão final do ciclo culmina, assim, em uma ponderação crítica sobre o limite e o destino das sociedades contemporâneas.

O vivo debate que se seguiu a cada uma dessas apresentações mostrou invariavelmente um público de todas as gerações de leitores, atento e participativo. De tal modo que se pode pensar que se tratava de um encontro de amigos de sempre reunidos pelo mesmo prazer da leitura e da reflexão. Reconhecimento da razão de ser de uma instituição que faz parte da formação de gerações de leitores brasileiros de todas as cores políticas e ideológicas.

Para finalizar esta apresentação, diria que a Livraria evoca, a todos os que a freqüentaram desde sempre, algo como o rio Capibaribe de João Cabral, por manter-se numa relação com a leitura de tal ordem que:

"Se não lhe devo saber ler,
devo-lhe fazer do ler ser,

o imóvel ser para a leitura
que nos faz mais enquanto dura,"

ANOS 50 - NACIONALISMO E DESENVOLVIMENTO: UM PROJETO PARA O BRASIL

Candido Mendes de Almeida*

Nacionalismo e Desenvolvimento: o quadro geracional do Brasil do após-guerra e do segundo varguismo.

Discutirei o problema de como a nossa geração, da PUC, sobretudo, encontrou um novo caminho e um percutir, do após-guerra intelectual de 1950 e adiante. É uma geração que estudou e foi à universidade deparar-se com o existencialismo. Sobretudo, uma boa parte nossa, falo de Hélio Jaguaribe como exemplo, vinha da PUC, onde a palavra entrava num certo auto da fé, naquilo que representava o encontro de Sartre, de Merleau-Ponty (que nunca aceitará esse labéu, ou esse nome, digamos assim). E, efetivamente, toda uma enorme reflexão francesa que nos vinha do "Temps Moderne" e do "Esprit" em dois momentos muito importantes para este conhecimento. Eu gostaria de mostrar quais são as linhas desse abalo interior, que se transformaram em idéias mestras dessa geração e, internamente, quais foram os movimentos e as novas explosões do Brasil bem comportado, das elites diligentes.

Vamos voltar aqui a uma trilha da Academia, quer dizer, àquele Brasil que, segundo Afrânio Peixoto, tinha na literatura o sorriso da sociedade. É evidente que é este Brasil que é, necessariamente, modificado a partir dos anos 50, a partir do segundo varguismo e dos plexos e dos momentos que vou levantar dentro disso. Digo tal para, em alguns eventos fundadores, discutir, então, por que chegamos à idéia do nacionalismo e do desenvolvimento, através dos autores a que Sergio Paulo Rouanet se referiu.

Eu só queria adicionar a esses Álvaro Vieira Pinto, no que representou à época um livro seminal e fundamental: "Consciência Nacional e Realidade Brasileira". Álvaro Vieira Pinto que tomava, exatamente, por toda esta revolução alguém que era um grande comentarista de Platão (e como trabalhou sobre o "Teeteto"). Sobretudo, fundamentalmente, como é que ele vivendo esse novo momento se transforma num radical de esquerda e chega aos últimos extre-

* Reitor da Universidade Candido Mendes e presidente do Fórum de Reitores do Rio de Janeiro. Presidente do Sênior Board do Conselho Internacional de Ciências Sociais (Unesco) e membro da Academia Brasileira de Letras. Autor, entre outras obras, de "Nacionalismo e Desenvolvimento"; "Memento dos vivos, a esquerda católica no Brasil"; "A democracia desperdiçada"; "A presidência afortunada" e "O país da paciência".

mos do que seja uma visão revolucionária da mudança muito na linha do que o ISEB como simbologia da última fase pôde representar. Ele tem este conceito fundamental da "Consciência Ingênua" e da "Consciência Crítica". Até onde nós pudemos operar na produção do conhecimento, este elemento é fundamental para que essa geração vivesse a noção da alienação trabalhada pela primeira vez de dentro de um novo pulsar brasileiro.

Saliento esses pontos para dizer que, da mesma maneira que em França pode-se dizer que a figura de Sergio Paulo Rouanet, do intelectual, do homem de pensamento que não se conforma com os valores a sua volta, que protesta e modifica, o faz até o sacrifício deliberado da própria comodidade, senão da própria liberdade.

E neste sentido, Émile Zola é o primeiro intelectual dentro da vida da República Francesa. O que é o intelectual antes desta etapa nós podemos compará-lo a alguma coisa hugoana. A noção do intelectual comprometido é alguma coisa que, de fato, no Brasil vai-se traduzir nesta inteligência brasileira, na formulação do nacionalismo e do desenvolvimento como próprio da geração da década de 50, e nela vou tentar na segunda parte dizer o que é que se pretendeu por aí.

Há um tempo-eixo brasileiro segundo Eduardo Portella, com uma pequena aliteração de Jaspers aqui, mas na sua dimensão nacional o que ela representou como opção, como projeto, como processo e de que maneira, internacionalmente, ela encontrou e se inseriu dentro daquele momento, também muito rápido, onde de fato diante da exasperação ainda balanceada da Guerra Fria podia-se falar em não-alinhamento, podia-se falar em política de barganha e em Terceiro Mundo. Os dois movimentos se conjugam dentro dessa época, e eu aqui quero salientar, sobretudo, esses dois elementos básicos do grande contributo existencial. O primeiro, a noção do in-der-Weltsein, ou seja, do ser no mundo de Heidegger. Éramos todos encharcados na sua filosofia, no sentido mais formal da palavra o neotomismo em que éramos, digamos, nutridos na universidade católica que vivia o grande momento confessional de uma primeira universidade onde a chamada elite brasileira tinha por sua vez, a partir das famílias católicas, uma alternativa à universidade Marxista, a universidade de Leônidas Rezende e seus contemporâneos, dentro da Universidade do Brasil, dentro da Universidade do Estado do Rio de Janeiro. A noção de que há um ser no mundo e que, de fato, a noção desta realidade se define a partir desta circunstância, do ser no mundo, do ser para a morte, do ser que, a partir disso, encontra um sentido, levou, nós podemos fazer um vocabulário histórico, a duas famílias, naquela época, se assim pudesse dizer, de existencialistas: os que se mantinham na boa vinha heideggeriana e os das traduções mais ou menos baratas, espanholas, de um senhor chamado José Ortega y Gasset.

Este senhor incomodou demais as circunstâncias e a circunstância, hoje, pediu *habeas corpus* para não ser incomodada por esse senhor que associou de uma maneira constante o número de pessoas que continua a repetir que "eu sou eu e minha circunstância" praticamente banalizou dentro de uma frase retumbante e da sua importância à meditação mais importante e séria do que naquele momento o grande filósofo espanhol descobria, mas não sabia que ia depois se transformar numa espécie de corruptela da grande concepção, naquilo em que, de fato e de toda maneira, pela sua generalização, traduzia um novo manifesto essencial.

Ao lado do problema do ser no mundo, a outra idéia que trabalhou toda essa geração foi a idéia do tempo-eixo jasperiano. Roland Corbisier e Hélio Jaguaribe, para citar dois, isso poderia continuar ainda dentro do grupo paulista, visitaram, inclusive, Karl Jaspers da última fase em que ele fala a sua teoria da história e fascina essa geração por esse conceito. Os tempos de mudança não são tempos isonômicos na seqüência dos séculos, eles têm momentos de explosão, têm momentos onde se faz tudo praticamente do possível, como se o vulcão ainda estivesse na sua lava ígnea e, de fato, ali se pudesse pensar um novo moldar do mundo. E Jaspers situa dois desses grandes tempos-eixos, o século quinto antes de Cristo, o que é que não se fez no século quinto antes de Cristo desde a grande filosofia grega até as suas repercussões no mundo asiático, até no outro contraponto, evidentemente, o século quinze e dezesseis dentro da modernidade. A idéia de que as gerações, nações, países tenham fulcro dentro dos quais se cria a idéia de uma geração mandatada, todas as gerações não distribuem igualmente um *que hacer* histórico, fazem, sim, algo que depende da sua possibilidade de estarem ou não vinculadas a algo depois. O que a geração de cinqüenta pensava é que exatamente um Brasil que começara a rachar em trinta, através do que foi a revolução dos tenentes, continuava pelos dramas e pelos riscos e pelas contas a pagar do primeiro estado, do estado novo, de fato, ia encontrar de repente, por uma primeira tomada de consciência, a noção de que havia um tempo histórico e que havia uma etapa, um calendário e que havia sobretudo, ao contrário da idéia antiga de que o país, esse país dos positivistas que, inclusive, no momento de um Brasil de Analfabetos criava o único pendão letrado do mundo, era preciso saber ler pra saber ordem e progresso. Efetivamente, ali dentro da ideologia positivista, se tratava do tempo social, fiquemos nas utopias a la Mannheim, exatamente, onde a noção de uma continuidade harmônica, até mesmo acelerável, mas não decisiva, não dividida em instâncias como Jaspers se refere não responsabiliza uma geração, introduz o tema da geração na articulação histórica em que se pode falar de uma nacionalidade, em que se pode falar da sua perda, do seu ganho. Esta noção marcou todo o pensamento dos cinqüenta e dentro dela a noção das urgências. Alguns dos nossos colegas continuam tomados dela. As próprias últimas reflexões do professor Hélio Jaguaribe sobre o tempo e a urgência dos prazos brasileiros, dentro de uma prospectiva, o Brasil se salva em vinte anos, se salva em dez anos ou não se salva. São reflexos ainda que, diante da nova prospectiva, traduziam esta idéia de que, ao contrário de sermos o país do futuro, éramos ainda contemporâneos da literatura de Stefan Zweig nesse sentido. Nós entendíamos, vivíamos e sofríamos a noção da urgência de um tempo histórico e de só num determinado momento termos a constelação, usarei uma expressão pedantíssima da época e que caiu sobre nós com a vergasta de Carlos Lacerda que falou de nós sobre duas teses: uma de que nós defendíamos a contemporaneidade do não-coetâneo e a outra é que nós discutíamos o momento das concausas na causação histórica ou no acontecer histórico. É verdade e tudo isto estava ligado a uma visão nova da arquitetura do que toda a modernidade passou a entender e vindo na velha tradição inclusive que George Gurvitch trouxe ao nosso tempo a noção e que Georges Balandier ainda mais a desdobrou na grande sociologia do vestíbulo da modernidade com uma noção do tempo social das suas diferenças e das suas buscas de sentido. Desse tempo social que sai do "*laissez faire, laissez passer*" do progresso que sai da nação pachola, que sai da idéia que se fará amanhã o que não se faz hoje e, sobretudo, desta horrenda crença em que eu ainda fui educado de que nós somos condenados ao futuro.

Rouanet falou tão bem aqui de Guerreiro Ramos. Ao lado da "Redução Sociológica", nós devemos a Guerreiro Ramos o primeiro conceito desse tempo social diferenciado através da introdução em nossa literatura da mudança do conceito do imperativo faseológico. Não se trata apenas de verificar que há momentos críticos e momentos átonos no desenrolar histórico, trata-se também de entender que esses momentos se articulam de uma maneira vulcânica, não de uma maneira tranqüila como se passa um anel entre gerações.

E aí há entre Hélio Jaguaribe, Roland Corbisier e Guerreiro Ramos uma esplêndida análise sobre o que é a época frente a fase; e o que é, de fato, dentro disso a compreensão do tempo social diferenciado. Esta idéia, do ponto de vista interno do Brasil, se somava às primeiras concepções em que se saía do lirismo do Brasil articulado como a paz da sociedade das elites rotativas no poder, mas tranqüilas na sua mesma mesmice e na sua paz das academias.

Dentro disso começava na fase Vargas e começava com alguns ideólogos como Francisco Campos a definição de um estado forte que inclusive chegaria àquela destruição do próprio modelo federativo do Brasil na ocasião. Eu, inclusive, era lobinho naquela época e me lembro de que numa grande pira da nação ao que o ditador acarretaria, e não era nem escoteiro, me coube levar a bandeira da Paraíba com aquele Negus dentro dela para levar numa pira e ali consumi-lo no fogo em que morria a federação, os diversos estados brasileiros num tipo de cerimônia que um certo senhor em Berlim não deixaria de lado. O que se fez em Nuremberg em 1937 também se fez no Brasil em momentos de pira cívica. Trouxe a minha cinza da bandeira do Negus para, efetivamente, compreender este quadro, mas aquele estado que é toda uma outra discussão que se fez por um centralismo autoritário ganhou também a condição de poder se transformar em elemento fundamental da intervenção econômica do estado assim agigantado.

Poderemos ver como é que essa consciência começa com Volta Redonda e vai se completar na visão difusa ainda do que era, ao meu tempo de estudante e secretário-geral da UNE, e muitas vezes fui *gasificado* ali em frente à UNE. Todo mundo, hoje, não sabe mais onde é a UNE, mas quero lhes dizer que ali está o ícone invisível hoje de uma geração na Praia do Flamengo, cinqüenta metros antes da Rua Buarque de Macedo, ali estava o edifício do clube Germânia, depois ocupado na guerra e no confisco dos bens alemães pela UNE e ali nós tínhamos a capacidade de parar. Quem ainda se lembra do bonde, exceto o óbvio? Parar o bonde na Praia do Flamengo era realmente o gesto do começo de uma subversão em que nós encampávamos, em 1947, 48, 49, a grande campanha do "Petróleo é Nosso". O que é interessante na contradição da própria idéia, tão difusa ela era no primeiro momento e tão avassaladora pela sua consciência inequívoca, é que, de fato, quem propôs a lei da Petrobras no Congresso foi a UDN.

O que aconteceu é que era muito difícil no quadro das oposições. A não ser no estatuto das liberdades, dos grandes estatutos da verdade institucional, no grande estatuto da educação liberal frente ao claro abuso do Estado Novo é que se definiu uma primeira consciência libertária que fez dela o sentido ou o sinônimo da oposição ao Varguismo. Esta oposição que levou depois da queda do governo Vargas, em 45, ao movimento do Brigadeiro. O brigadeiro que é bonito e é solteiro, mas que não queria o voto do marmiteiro.

Efetivamente ali tínhamos o começo dessas contradições onde surge, na sua base, e cada vez mais, a noção da quebra entre os dois países. A noção de que o país dos ricos e o país dos pobres que Getúlio Vargas... aliás, acho uma tristeza: é a figura mítica mais importante do Brasil, sem dúvida nenhuma é a nossa primeira figura épica moderna e não tem o seu Brecht, não tem ainda o seu tratamento à altura da riqueza deste personagem que, inclusive dentro do bom mito, se enrola na melhor e mais sedutora tradição da ambigüidade. "Getúlio, pai dos pobres e mãe dos ricos". Nós a vimos e verificamos de que maneira exatamente nesta espécie de transexualidade histórica que representa o que foi esta figura extraordinária.

Pois bem, vivemos já um impacto interno brasileiro. Eu diria que toda a nossa geração foi encontrar, no meio dos anos 50 do século XX, o instante canônico desta ruptura que foi o suicídio de Getúlio Vargas. No suicídio, o Getúlio do segundo varguismo é o Getúlio que já se tinha comprometido com a Petrobras, com o processo de nacionalização de divisas através do controle das nossas finanças e, sobretudo, das relações favoráveis em que a discussão dos câmbios oficiais e dos câmbios livres criavam uma reserva de recursos extraordinário para o país que oficiava, controlava e comandava a relação ex, in, post do país.

Era aquele momento de ouro, para onde iam todos os nossos países latino-americanos. De fato saímos com uma relação fortemente positiva entre o que importávamos e o que exportávamos a nosso favor, o momento de uma riqueza nova dentro do que pudesse ser a orientação das nossas poupanças, que começavam a se formular e eram nitidamente poupanças de uma tendência espontânea de um novo comportamento nacional para edificar um outro país. O Getúlio da Sumoc, Getúlio trabalhando os mercados de controle externo, Getúlio sobretudo dentro deste conjunto começando a querer levar adiante a política da intervenção do estado nos setores de infra-estrutura. Getúlio que se suicida e nós, não me lembro, há uma relação vaga mas na outra ponta, a mesma relação de um país que de repente toma consciência da sua individualidade partida e da possibilidade de ou denunciá-la ou superá-la.

Nós estamos começando uma sociologia da festa do 27 de outubro de 2002 e do que é de fato, o que aconteceu este ano na outra ponta desta colocação. Ver os candangos de Brasília dizerem "Sois o nosso rei" para o candidato vitorioso em 29 de outubro, envolve uma enorme nova iconologia onde, de fato, para além do país partido não se estabelece uma trégua, se estabelece uma nova alternativa histórica naquilo que possa ser a figuração em que explode um novo inconsciente coletivo.

É muito difícil se encontrar com um guardador que não esteja naquele instante faturando todas as exigências, as necessidades das dependências de quem ele está. Pois esse meu guardador de dez anos, eu parei o carro no caminho para a cidade e ouvia o desenlace do suicídio, ele se virou flamejante pra mim e disse: "Olha, moço, não tomo mais conta de carro de rico, viu? Não. Mataram o velho". Naquele momento houve uma mudança efetiva, da maior dramaticidade, num corte histórico onde, de fato, esta recepção se deu imediatamente e dentro dela começou a mexer uma enorme engrenagem de consciência social através da idéia que se ficou na época: o morro vai ou não vai descer? Em que termos, de fato, há uma vingança histórica do que aconteceu naquele momento, digamos, também do ponto de vista das elites brasileiras? Um momento em que de fato um protagonismo político introduzia o suicídio romano dentro da crônica nação brasileira. Não se conhece nada igual nos tempos modernos. Há uma enorme possibilidade de estudo disso, como já tem alguns meninos em Stanford discutindo os dois sacrifícios cruentos da história moderna da América Latina: o de Salvador Allende e o de Getúlio Vargas. Mas Allende é alguém que morre porque não fugiu, alguém que se oferece às tropas de Pinochet e cai ali na primeira barragem do que fosse a resistência no Palácio de la Moneda.

Getúlio opera de outra forma, ele não é o resultado de um movimento social naturalmente compreensivo que tornava até desnecessário o discurso, não há discurso de Allende. Para fazê-lo, ele sim, Getúlio, através do discurso de impacto social mais importante que registra a modernidade. Onde é que se pode encontrar o discurso? Na verdade cria a consciência de culpa e de responsabilidade histórica e bota em movimento um tipo de racha de que serão herdeiros os movimentos sociais subseqüentes de que é claramente herdeiro o Partido dos Trabalhadores hoje no Brasil.

Como se entender esse caminho e o que representou essa tarefa? A partir de Getúlio e do sacrifício de Getúlio, rachavam-se, evidentemente, os dois brasis, mas ficavam, ao mesmo tempo, o tema dramático do que representaria a idéia e a noção de que temos um tempo histórico e precisamos, de fato, realizá-lo. Há um drama que Juscelino Kubitschek introduz como um segundo momento, digamos assim, de consciência não levada à tragédia, mas no registro diferente há uma euforia a prazo, imediata da outra frase-chave dos cinqüenta e cinco onde Juscelino protagonizava e sumariava a noção do salto histórico, a noção do tempo-eixo jasperiano e a idéia de que haveria um futuro a qualquer preço. Cinqüenta e cinco, toda a nova discussão de Juscelino do que vai ficar na história, da mesma maneira que fica na história a extraordinária realização de Fernando Henrique democratizando o êxito do poder e fazendo da transição um momento fundamental da democracia.

Quando se olhar para Juscelino depois de Brasília vai se ver que o mais importante talvez no seu legado tenha sido a definitiva consagração de um tempo social de mudança a partir da exigência nacional, do que fosse ganhar ou perder, através de um plano de metas que deveria conter as bases desta mudança, situava os seus caminhos e pela primeira vez definia metodizado o que fazer nacional.

Deve-se a Roberto Campos, sobretudo, e a Lucas Lopes o ter levado a noção do tempo histórico desse tipo para dentro do plano de Juscelino.

Temos que discutir fundamentalmente este problema da maneira pela qual aquela geração viveu essa noção fundamental do tempo histórico. Ela vive a superação do tempo social do progresso, ela, efetivamente, encontra uma aceleração histórica. Naquela etapa a idéia do tempo rachado da aceleração e da responsabilidade da concepção e da "toma de consciência" nos leva mais adiante a um processo, leva o Brasil a dois tipos claros de inteligência: de um lado, a Escola Superior de Guerra representando no fundo já a mudança brasileira que representou, a partir da nossa intervenção na FEB, a idéia de participar de um cenário alargado, onde conceitos como de geopolítica, posição do Brasil dentro do elenco das nações, viabilidade, sentido do que fossem já com começo as ideologias sem entrar na análise simétrica da alienação, traduziram a Escola Superior de Guerra e, a partir dela, a chamada salvação nacional mimeografada que, efetivamente, vinha, surgia, se definia no receituário exaustivo naquela etapa do que representava um primeiro receituário que depois foi amplamente sofisticado, desenvolvido daquilo que a escola da conversação de hoje da Escola Superior de Guerra e, de outro lado, evidentemente, algo que começou no chamado Grupo de Itatiaia, continuou no Ibesp e finalmente veio a ser o ISEB.

O ISEB que no começo ainda estava bastante modificado, bastante neutralizado e é curioso isso numa primeira etapa onde, inclusive, o Roberto Campos e Temístocles Cavalcante participam do seu conselho e que, pouco a pouco, vai se transformando na escola do que Rouanet disse tão bem aqui, na escola dessa possível práxis do nacionalismo brasileiro. Ali, e progressivamente, o ISEB se racha novamente em duas posições. Uma posição rigorosamente vinculada ao Marxismo e dentro dele às noções clássicas das polaridades principais, das prioridades básicas em que, efetivamente, o nacionalismo não se dissociaria da luta contra as formações imperialistas do capital internacional, posição de Nelson Werneck Sodré, de Álvaro Vieira Pinto e num segundo momento de Roland Corbisier. De outro lado a busca do nacionalismo como condutor de uma idéia de desenvolvimento induzido da nossa, vou a Ortega y Gasset, da nossa própria circunstância, posição que é de Hélio Jaguaribe no seu livro muito importante para essa polêmica, que é "O Nacionalismo na Atualidade Brasileira" e de que outros companheiros, Alceu Amoroso Lima e eu mesmo, acompanhamos no sentido desta operação fundamental.

Queria-se sim, e basicamente, este movimentar-se do Brasil, no tempo-eixo, na idéia dos laços juscelianos para o que fosse contra o tempo no viável, na vigência. O conceito de vigência que Eduardo Portella gosta tanto de Julian Marias é um conceito fundamental na tradição orteguiana do que seja sobre a arquitetura de uma história apenas de presentes definir o que fosse o essencial na sua indução histórica. A vigência de Julian Maria não nos permitia entender que aquele momento do juscelinismo era um momento de novas vigências brasileiras e dentro delas se encontrava uma nova saída sem carta de prego procurando, é outra frase-chave dessa geração, a noção de fundação. A idéia do fundar, que é uma idéia essencialmente heideggeriana, também surge naquele momento do que seria possível, a partir da consciência, salientar as condutas sociais operantes neste particular e, se quisesse, de fato, definir o que representa uma meta nova, a palavra meta como um *telos* organizando a tempo, dentro da visão faseológica de Guerreiro, a contraposição do Brasil da consciência ingênua para o Brasil da consciência crítica que constituiu os dois pólos fundamentais da travessia procurada ou desenvolvida pelo ISEB.

Dentro desta perspectiva se entenderia que a mutação objetiva seria o desenvolvimento. Que palavra prostituída hoje! Que palavra gasta! Uma palavra hoje tão promíscua quanto a palavra progresso. Mas a verdade é que a noção de desenvolvimento nos anos 50 era, de fato, no seu plexo, na sua musculatura e, essencialmente, no seu repto um ato de fundação. E isto porque, exatamente, se entendia e se traduzia no campo político e no campo social o que, naquela etapa, já vinha, a partir de uma entidade fundamental para a América Latina que se chamou Cepal - Comissão Econômica para a América Latina..

A Cepal deu teoria e vinculação econômica global àquele momento de ouro da relação favorável ao Brasil nas exportações e nas importações, criando a idéia da indústria indutiva dentro desse processo a que Celso Furtado acompanhou a idéia de que industrialização, sim! Com ato fundador do estado sim, mas, a partir dela, com o princípio idêntico e simultâneo de redistribuição de renda de acordá-lo, acoplá-lo à noção de um salário mínimo para o Brasil.

Nós não podemos nos esquecer na era Vargas o que foi, como mudança da condição brasileira, criando um mercado consumidor de bem e de uso geral, o salário mínimo de 1941. Na análise básica do varguismo isto vai ser tão importante quanto Volta Redonda ou tão importante quanto a Sumoc – Superintendência da Moeda e do Crédito. O que ali se faz é uma vez por todas entender o que Raúl Prebisch parece como formulador da grande teoria. Vamos trabalhar um modelo realmente de substituição de importações a partir da relação favorável de crédito internacional em que estamos e vamos criar a indústria brasileira como a argentina, como a chilena, cada uma dentro da sua fase. Este momento, que é o momento da grande euforia, a que o juscelinismo dá nome e dá matrícula, é o momento daquelas metas e dentro delas o que representa basicamente a noção do desenvolvimento.

O desenvolvimento, em primeiro lugar, que é representar a alteração das monoculturas de exportação a partir da diferenciação da produção. Dentro dessa diferenciação, que se requer efetivamente estrutural, ela implica necessariamente a indução e a fecundação do desenvolvimento.

E, sobretudo, ela vai envolver dentro do conjunto das classes sociais uma forma de nova mobilidade. O mercado interno, a diferenciação industrial, as relações de troca vinculadas, de fato, geram a mobilidade social, a busca do emprego, a necessidade da especialização, o começo efetivo da universidade orientada para mudança, a cogitação do que fosse a frio e a hora, inocular a inovação no processo de desenvolvimento, mas é aí que Celso Furtado encontra Raul Prebisch, mas não dentro do efeito mimético no que foi a nossa entrada quarenta anos depois na globalização hegemônica de procurar as linhas de ponta, concentrar a renda, desenvolver os produtos marcados por uma alta inovação, agregação de capital para uma venda na competição externa do mercado geral e indefinido.

A indústria dos bens de consumo em geral que correspondesse à fome e saísse do efeito de demonstração dos isebianos desta economia, e que pudesse, de fato, a partir do consumo dos bens modestos, a partir do consumo dos bens necessários à vida, viável mas não necessariamente suntuária, gerar o emprego, manter o mercado e satisfazer as necessidades médias da coletividade. É aí que Furtado acresce a Prebisch e é aí que se tem e foi o que nós vivemos nos 50 a idéia de que um país como o Brasil, um país gigante, já com a sua massa de consumo interno possivelmente e necessariamente perseguida e que precisaria, sim, encontrar o coeficiente de capital não poupando o trabalho, absorvendo o trabalho, poupando o capital e não o concentrando a partir do que pudesse ser um Brasil liberado dessa terceira mão da organização dos mercados como já na crise subseqüente do modelo Prebisch passou a ser o castigo do Brasil dos últimos trinta anos.

Não houve consciência crítica suficiente naquela época para se saber que aquela aragem de prosperidade dependia de um modelo fragilíssimo dos termos de troca que desapareceria a partir da evolução dos novos mercados, chegando às globalidades contemporâneas.

Será possível o Brasil reorientar-se para a noção de um mercado interno, voltar-se para a imensa possibilidade de consumo do seu próprio país, a partir da modéstia generalizada e compartida, ou não? Ou isso nós devemos deixar no tempo como numa época de ouro revolvida na história? Esta idéia e esta preocupação ficaram por demais dentro do que esperávamos nessa combinação de doutrinas e perspectivas e que, afinal de contas, na época era outra grande polêmica: saber se no nacionalismo nós queríamos defender a idéia insuportável de uma economia em autarquia ou se nós queríamos uma economia suscetível de conduzir a iniciativa da sua mudança.

O nacionalismo que ali se defendia era dessa segunda natureza e uma das maiores dificuldades que tivemos, e isto é toda a tese de Hélio Jaguaribe do nacionalismo na pós-modernidade brasileira, é mostrar que nós não queríamos a autarquia mesmo com a sensação de sermos um país gigante e possivelmente capaz de integrar-se dentro do seu mercado interno, capaz de auto-subsistência. Num primeiro momento, inclusive, Celso Furtado se vê tentado por esta idéia, mas ele vai depois abri-la dentro da sua lição contemporânea e tão significativa em que ele vê o que pode ser o modelo emergente de uma social democracia no Brasil.

Este é um tipo de testemunho em que eu quero colocar em jogo as expectativas da geração que tentou pensar o Brasil nos 50. Com esta noção de que o Brasil era vontade política do desenvolvimento, nós enfrentávamos uma teoria de compô-lo historicamente com um ato de fundação, portanto um ato de saída de toda a crença numa mudança endógena de toda uma espécie de mão boba na história que nos empurrasse ou de um desenlace normal daquele nível de causação histórica por outros fatores que não fossem o de uma decisiva intervenção de um querer racional e irracional diante do quadro a nossa volta. Esta idéia, a que concorrem Jasper, a faseologia, a fundação heideggeriana, vai situar o específico daquilo que é o momento um da noção do desenvolvimento brasileiro. Nenhuma das outras duas fases chegou ao racional do que queria, indo tão fundo na reflexão sobre a proposta.

Definia-se tudo que pregou a geração isebiana do nacionalismo e do desenvolvimento, definia-se o seu conteúdo dentro de três tipos de formulação que correspondem a três momentos, eu diria até agônicos, da idéia de uma fundação sólida. A primeira é a opção que envolve a ruptura como a situação anterior, que Balandier em uma outra perspectiva, transferido da epistemologia, e desse nível antropológico para o nível mais grosseiro de causação, busca em Lévi Strauss. A noção de que nós estamos dentro da colônia vivendo uma estrutura social total. Uma estrutura que tem o seu comportamento característico nas monoculturas de exportação, na completa inexistência de um povo na linha de que se trata apenas de um comportamento reflexo de uma ordenação sumária de um conflito de interesses que nem sequer é percebido e de uma absoluta estagnação da mobilidade colonial.

A situação colonial, volto ao uso pleno que um Balandier ou que um George Friedman, sobretudo, fez dela, e esta estrutura tinham comportamentos políticos e econômicos que seriam rompidos, por definição, para a nova ordem que se queria propor. O que eram as três linhas desta negatividade absoluta? Primeiro, a de que não se aceitam e não se admitem mais as monoculturas de exportação na área econômica. Na área sociológica se afirma, necessariamente, a exigência de uma mobilidade social induzida da diferenciação econômica e da sua condição de acesso social por todo o processo de educação. Na área política se repelem as políticas de clientela e as políticas de oligarquia, que definiam exatamente o plexo global do fazer política dentro do quadro colonial.

Hélio Jaguaribe tem um ensaio definitivo publicado em "Caderno do Nosso Tempo, 3" sobre essa matéria, um ensaio preciosíssimo chamado "Política de Clientela" e "Política de Ideologia". Ali Hélio faz um contraponto entre as duas políticas que se contraponteiam exatamente e se confrontam porque cada uma envolve o pólo, o foco exemplar de uma estrutura social total e da outra. É impossível se pensar em ideologias na estrutura social total colonial. A política se faz por clientelas e pela satisfação de oligarquia. É impensável se imaginar uma política de ideologia. A política de ideologia só surge, e por aí a geração isebiana foi talvez a primeira que o fez, aproveitando uma idéia riquíssima de Vítor Nunes Leal, que em "Coronelismo, Enxada e Voto" teve a intuição genial, de que Jaguaribe ia depois se desdobrar na noção do que era de fato uma mudança de estrutura de entre comportamentos políticos ligados ao complexo total de organização de vida. Esta privacidade da ideologia com o constitutivo do partido moderno é uma das muitas conotações dentro das quais se poderia trabalhar esta idéia e, evidentemente, no que é também uma antecipação da estrutura de mudança e do que fosse tipicamente o trabalho de uma ideologia a obra já corporificada num extrato de mudança que começa uma práxis. Nós temos na sua conseqüência no plano cultural todos os movimentos fascinantes de cultura popular que vão exatamente explodir nos anos 50 e todo um trabalho seminal tende a se mostrar de fato completamente definido.

Mas na sua base acontecia o começo da emergência da noção indutiva real de povo frente à massa do momento anterior do conglomerado, sem a noção de uma articulação interna, sem o propósito de um sentido e, por ele, de um trabalho de identidade. Esta a empreitada que se tinha, colocando o problema do nacionalismo como uma opção. O segundo, evidentemente, digo que se trata de um projeto. Aí a idéia juscelinista era manducada, envolvia, se reprotagonizava dentro de uma mudança que só pode ser pensada a partir do *a priori* da sua dramaticidade, da inversão da noção do tempo e, dentro dela, da idéia de que cada tipo de mudança que se faz contra a corrente, contra a inércia da outra estrutura social total implica em agendas históricas e implica, sobretudo, naquilo que Prebisch, Celso, Hélio e alguns outros definiram como, exatamente, a maneira de se mudar o círculo vicioso que caracterizava o segredo da mantença da velha estrutura social total.

Era preciso se encontrar o ponto de alavanca, o ponto onde de fato o círculo vicioso do velho regime encontrasse as condições de acumulação para vencer essa inércia e catapultar o país a um outro tipo de vigência social. Esta idéia foi buscada em diversos tipos de conduta que não estivessem vinculados, necessariamente, àquele precondicionamento, e eu vejo, hoje, justamente isto com uma dramática que nós vamos ter do Brasil aqui. Eu vejo exatamente a transposição do que se pensou na dramática da mudança dos cinqüenta ao terrível, à angústia, a um momento de cinzas e de decepção que pode ser a chegada do PT ao Palácio do Planalto.

Digo isso no sentido de que nós sabemos o número de condicionantes externas que já cauteriza a vontade de um presidente da República. Ele está de tal maneira engessado num tipo de economia que, de fato, levou ao máximo de condicionantes externas que ele sabe que não pode alterar e, mais do que isso, que nós estamos num círculo de causação complexa e que leva a esse estado de estabilidade sem pleonasmos em que nós estamos, nós sabemos que não se desata o lado sem fazer ruir o todo e que esta constelação terrivelmente inercial a que vai encontrar um governo que vem do fundo, que vem do inconsciente social da mudança, que quer a festa, não dissesse eu que é a forra da esperança.

Este sentido histórico é quase que suicida para que se possa tirar da violência da vontade, idealmente formulada, uma práxis efetiva da mudança. Ela só pode se realizar no limite em que se encontrar algum ponto extrínseco, algum ponto de alavanca, algum ponto em que o círculo vicioso se possa inverter em círculo virtuoso. Praticamente quase nada pode fazer um governo que se pretende alternativa à inércia do que está aí.

O Brasil não está preparado para o fracasso do governo Lula, para a gravidade no sentido das melhores esperanças sociais como ato político e pedagógico de uma mudança social que tenha atrás de si uma enormidade de apoios que fizeram da última eleição um plebiscito mais do que qualquer outra coisa e teremos de realizar essa tarefa.

Não há na história do Brasil um momento mais dramático, mais sério e mais terrível do que vão ser os primeiros cem dias de um novo governo nesse momento. Primeiro pela necessidade de mostrar o complexo de causação exatamente na linha da inviabilização, quase de um projeto que se altera diante do fato de que os dados aí estão, as causações aí estão e ao poder internacional de, de fato, capacitar-se e condicionar-se isso tudo.

O maior rei filósofo que o Brasil teve e que está deixando o governo, alguém que combinou as virtudes do príncipe com a racionalidade do cientista social, viveu isso dentro da maior angústia. Esta angústia sem retórica, de um presidente que parece quase que *blasé* diante daquilo que é a massa de impasses, diante do sortilégio das possíveis mudanças. Exatamente no quadro oposto ao de Juscelino, — que na inconsciência da época, nessa espécie de esplendor de um bucéfalo histórico, de esplendor orgiástico do que fosse a testosterona da história, naquilo que representasse a capacidade de realizá-la pela forca e pelos bíceps de uma vontade de poder que, inclusive, naquela época podia-se permitir os gestos desta violência sem consciência crítica.

O Brasil que pensava que podia declarar moratórias internacionais, o Brasil que podia achar que podia não pagar e que efetivamente haveria uma volta interna, a reação possível, o Brasil do folclore das moratórias e finalmente só acaba como consciência política nova a partir de 1994.

Quero salientar o ponto fundamental que hoje, se se quer fazer vingar esse excepcional momento político que teve um pedagogo único de uma simbologia de mobilização, que é o atual presidente eleito, o que é que lhe sobra como ponto para transformar o círculo vicioso em círculo virtuoso?

Ainda sobram duas coisas. Em primeiro lugar, a condição de podermos modificar, novamente, a política de exportação brasileira; há um caminho a buscar dentro disso e esse caminho tem que ser buscado imediatamente e necessariamente. O segundo é, de fato, a recondução a sua viabilidade do aparelho fiscal brasileiro. Peguemos as declarações do secretário de Fazenda do Brasil (2002), Everardo Maciel: "O Brasil evade fiscalmente a quinta parte do PNB do país". Vinte por cento do PNB brasileiro não vêm aos cofres públicos pela corrupção instalada no sistema, pela tolerância entre o fiscalizado e o fiscal, pela capacidade de, efetivamente, se criar como condição de um *status quo* e a leniência e, dentro dele, a sua falta de recolhida aos cofres públicos. Qual é o trunfo de quem entra nesse momento? Este que já se viu nas etapas em que o PT chegou ao poder municipal e ao poder estadual. Nos primeiros quatro meses a arrecadação aumentou de um terço sobre os cálculos esperados porque se criou uma nova visão do capital social que representa a mobilização, a confiabilidade no governante e a sua possibilidade de estabelecer uma nova mudança da conduta fundamental da cidadania, que é a noção do bem público que se traduz numa política governamental.

Se o Brasil conseguir, através da força desta mudança fundamental da simbologia nacional, capturar não 20% mas 5% do que não entra nesse momento, começa o ponto de alavanca para financiar-se um programa social imediato e paralelo ao que está aí e dentro deste plano começar a desenvolver condutas inocentes ao mercado interno, mais do que isso, sobretudo, a se criar o capital de mobilização que o neoliberalismo castrou por inteiro acreditando no progresso, na mão boba da providência e de como Pangloss... quando disse: "No Brasil não há mais projeto, no quadro que nós estamos tudo é conjuntura".

É neste momento que entendemos a mudança fundamental, na hora que um governante, desta lucidez, e desta importância, diz que "No Brasil tudo é conjuntura" se entendem os pontos de apoio para uma nova fundação. Eu estou exemplificando com o agora da nossa angústia o que foi pensado nos anos 50 para evitar-se o círculo vicioso do que está aí.

Círculo vicioso que já acabou com a América Latina toda se nós formos deixar de lado o caso do Chile, que é um caso parecido com o da Irlanda (Europa), caso em que, por uma especialização dentro de um determinado nível de exportação, há a volta à indústria do cobre no Chile, como a Irlanda contemporânea se transformou na maior exportadora de bens de informática contemporâneos.

Esse tipo de solução só pode funcionar com uma nação que não tem um mercado interno do tamanho do nosso e evidentemente nós estamos fora desta perspectiva. Estas condições vão ser vividas e dramatizadas desde já, foi isso muito da conversa que eu levei agora ao presidente eleito, no sentido de que se explicasse ao Brasil a dramaticidade do que se está vivendo, que se acreditasse no capital de boa vontade que não pode ser do imediatismo das mudanças, mas, sim, o de protagonizar a carga de sacrifícios que podem ser entendidas pelo povo se se equilibrar o resultado tangível que elas podem, de fato, apresentar. Nunca no Brasil um sacrifício foi contraposto na balança ao resultado tangível e é aí que o capital simbólico novo tem a sua posição de trânsito e de desenvolvimento.

Terceiro momento, o momento do processo: faseologia. Portanto, se é um processo, nós temos que entender que não há salvacionismo nacional se se inverterem os patamares, se se invertem as áreas dentro das quais se opera a mudança. Há um limite, portanto, dentro do qual a vontade humana, por melhor que ela seja, tem um limite. As instituições ótimas têm um limite e a infra-estrutura que reúne todas elas tem também, necessariamente, uma condição de se abrir à história.

E é aí que a geração isebiana, que a geração da inteligência, que a geração sacrificada é afinal debandada no seu exemplo que foi a destruição da biblioteca do ISEB na Rua das Palmeiras, de uma espécie de destruição da biblioteca de Alexandria dentro de um outro campo, de uma outra perspectiva, ela não pode mais ser reencontrada — alguns pedaços dela, graças a Deus, estão na ESG. Mas isso já foi um trabalho piedoso de coleta de algumas ruínas dentro do seu conjunto. Eu digo aqui: naquela geração este grupo, porque defendia o nacionalismo dentro deste quadro e deste plexo que está aqui, tornava-se ativo e tornava-se movimento de mudança enquanto primeiramente denunciava o moralismo das elites dominantes, famosa idéia: "Ah, se tivéssemos no poder um homem de bem, um homem de caráter, meu Deus, um formado, um doutor, é preciso que no governo haja doutores, é preciso que um governo de doutores venha salvar o país".

Isto é o primeiro atentado à visão da mudança como processo porque ela só valoriza o escasso âmbito dentro do qual uma vontade, uma informação ou um beletrismo pode mudar do ângulo estreito da convocação de vontades uma situação histórica social. Vêm ao lado então mais sofisticado os que dizem: "Que bobões estes moralistas, o que nós precisamos é mudar o aparelho legal. Façamos uma nova Constituição, mudemos as leis e tudo vai entrar nos eixos". Nós podemos aí fazer toda a sintomática em que uma outra idéia de mudança bateu no recife do chamado reformismo. Não adianta mudar legislações, portanto, definições urgentes de um dever ser naquilo que é o resultado da vigência que envolve outras condições de realização e de possível desfecho. Contra os dois, evidentemente, chega um terceiro que diz: "O que é importante é que exatamente se altere e se tire do país uma etapa que foi caracterizada pela aplicação de uma ideologia estranha que em si mesma queria explicar todo o advento ou toda condição de sucesso ou de desgraça brasileira. Tirem do Brasil os comunistas, os subversivos, os adeptos de Marx e nós teremos a condição de um desenvolvimento brasileiro."

Todos esses reclamos vêm de extratos diversos de ingenuidade diante do que seja mais fundo ou menos fundo, a exigência de mudança processada ao nível da práxis e, dentro dela, do que seja, de fato, uma condição de mudança. Esta idéia, essa crítica e essa definição do nosso nacionalismo como condenando o integrismo, o reformismo e o moralismo estavam na linha de frente das principais polêmicas isebianas durante o curso dos 50 e do começo dos 60 do século passado.

É claro que isso vem de par com toda a reformulação internacional do Brasil. O Brasil dessa época começava a viver o alinhamento bipolar e, dentro dele, a condição de podermos ou não numa práxis absoluta barganhar com Paulo ou com outro dentro dessa situação, daí o fascínio. No gabinete do presidente Jânio Quadros, havia 3 quadros: Tito e Nehru, e ao lado do retrato dos dois ele não tinha o de Nasser, pelo qual era fascinado, o que seria o terceiro quadro, mas tinha, em compensação, para mostrar que não estava de todo perdido, um belo retrato da rainha da Inglaterra.

Dentro dessa perspectiva, quero dizer que naquele momento o Brasil também viveu a tentação do Pacto de Bandung, da reunião de Brioni, de todo o conjunto dos momentos em que, pragmaticamente, um país das chamadas periferias — é desse tempo que nasce o conceito de terceiro mundo, periferias, política de barganha, que seria interessante ver as formas pelas quais ele se acopla numa visão ideológica — define essa posição excêntrica que é o resultado de um mundo absolutamente bipolar marcado pela noção de alinhamento e a noção de barganha.

É daí também que pela primeira vez se pensou a idéia de que o Brasil não tinha nada a ver diretamente com a América Latina. O único país com vocação interna, um país de outra forma de integração e de colonização nesse aspecto, um país, sobretudo, que viveu uma experiência política macrossocial de visão de um projeto como o das elites imperiais, transporte mais uma vez por uma extraordinária vivisseção da ideologia que representou o positivismo republicano do país.

Tudo isso são fenômenos que estão ligados a uma especificidade da realidade política social do Brasil, sobretudo, na sua representação histórica efetiva. Quando hoje se vêem os poucos pólos dentro dos quais se pode pensar ainda no círculo virtuoso sobre o círculo vicioso, se vê que as parentelas do Brasil, para além dos vizinhos e dos esqueletos argentinos no armário, podem ser uma África do Sul e a conjugação com os outros países continentais ainda referíveis a sua indução. Certamente a China, possivelmente a Índia, não acredito que certamente a Rússia e não acredito que a Índia tenha condição de poder se comparar dentro de uma outra comparação acrítica do que sejam os países-monstro, os países da grande população, da identidade cultural básica e da sua condição de ressurgência.

Nós estamos novamente num momento em que tudo isso pode se reviver dentro de um quadro de "toma de consciência" onde não é mais o Brasil que está convertendo as suas elites por uma acrobacia de leituras, de autocrítica, de purgação categorial, mas um Brasil que vê de baixo e que, exatamente, dentro desse contexto nos mostra a vocação extraordinária de que nós podemos viver toda a alegria dos primeiros momentos e de seus fogos de artifício.

Por que é que falo desta individualidade brasileira neste momento, nesta dificuldade e no nosso cuidado em sermos sôfregos e retóricos? Porque a marginalidade brasileira é a maior de todos os países subdesenvolvidos, um país que tem 50% da sua população com menos de 10% da renda e não faço a conclusão recíproca é um país que não foi ao Sendero Luminoso como o Peru, é um país que não tem FARCs, é um país que não se rachou a partir do inconformismo desenganado das suas marginalidades. O legado de um PT hoje é o de ter há 22 anos acreditado na chegada ao poder pela via democrática, pela ação sindical transformada no partido, ou gerando ação afirmativa dos movimentos sociais, da criatividade dos sem-terra e que num quadro ou noutro é o sursum de mudança que envolve uma consciência que chega lá.

Não sei se nós vamos merecer o que já se fez, não sei qual é a retranca da nossa boa consciência, não sei quais são os arreganhos ainda do Brasil dos bacharéis udenóides que nesse momento entendem ou não as resistências ao que está aí e, sobretudo, num tipo de colocação como eu já vejo internacionalmente, que coisa deplorável as críticas do *New York Times*, do *Washington Post*, do *Los Angeles Times* sobre o que aconteceu no Brasil. Um esquerdista populista, marxista, chega ao poder.

Esta confusão da grande imprensa americana, que é o que o senhor Bush bateu na cabeça quando recebeu o presidente, entende o que se passou aqui como mais um caso anódino do populismo latino-americano, evidentemente, a ter que provar o presidente para os sete sábios, os quarenta e nove sábios da Casa Branca, que ele não é maluco.

É evidente que é nesse quadro que nós entendemos o que está aí, na visão do que eu me permiti fazer, uma saída à frente para ilustrar um quadro de pensamento como nós tivemos em 50 e nós entendermos o que é essencial num momento como esse. O Brasil tem condições, pela sua consciência, de escapar ao pior destino de uma nação: o sepultado do que não foi.

NACIONALISMO E DESENVOLVIMENTO

Sergio Paulo Rouanet*

Queria antes de mais nada associar-me ao que foi dito pelo professor Eduardo Portella sobre a enorme importância da Livraria Leonardo da Vinci para a vida cultural do Brasil nos últimos 50 anos. Nossa cultura não seria o que é sem essa grande instituição, que formou duas gerações de intelectuais brasileiros e, se Deus quiser, continuará exercendo esse papel por muitos e muitos anos.

Quando soube que me tocaria o privilégio de participar desse ciclo de palestras ao lado do professor Candido Mendes, senti-me honrado, mas não atribuí esse fato a nenhuma causa sobrenatural, e sim a uma decisão prática do professor Severino Cabral, tomada depois de consultar as conveniências de todos os palestrantes. Mas senti um certo arrepio supersticioso quando fui informado de que o tema desta mesa-redonda seria "Nacionalismo e Desenvolvimento." E isso porque há exatamente 38 anos, através das páginas de uma revista hoje desaparecida, "Cadernos Brasileiros", eu havia debatido esse mesmíssimo tema com o mesmíssimo professor Candido Mendes, que lançara um livro chamado, justamente, "Nacionalismo e Desenvolvimento." Intenção ou coincidência?

Descarto a primeira hipótese, porque não posso acreditar que o professor Severino soubesse desse episódio, e que tivesse enfrentado a poeira de quase quatro décadas para encontrar debaixo de não sei que sedimento geológico a minha pobre resenha. E descarto a segunda hipótese, porque não creio mais em coincidências, depois que a literatura esotérica, tão em moda ultimamente, convenceu-me de que nada é gratuito, de que o mundo é uma rede necessária de correspondências, de sinais e de premonições.

Se não foi nem desígnio humano nem acaso, só pode ter sido mesmo um decreto especial do destino, que em nossa época pós-moderna fez-se nietzschiano, e se diverte em submeter até nossa modesta história individual à lei do eterno retorno. Se isso é verdade, Candido, talvez o que dissermos hoje seja a mera repetição do que dizíamos em 1964. Sujeitos ao sempre-igual do tempo cíclico, talvez não tenhamos mudado nem fisicamente: somos os mes-

---

* Estudou Direito na PUC-Rio; Economia, na Universidade de George-Washington; Ciência Política, na Universidade de Georgetown; e Filosofia, na New School for Social Research. Doutorou-se em Ciência Política pela USP. Diplomata de carreira, formado pelo Instituto Rio Branco. Foi Cônsul-geral, em Zurique e Berlim, e Embaixador, em Copenhague e Praga. Exerceu o cargo de Secretário Nacional de Cultura. Autor, entre outras obras, de "Razões do Iluminismo" e de "Mal-estar na modernidade".

mos interlocutores daquele tempo, eu um jovem diplomata um tanto malvisto pelo regime militar, com porte atlético e cabelos negros, você um intelectual também jovem, cheio de brio e *panache*.

Mas receio que haja alguma ilusão nisso. Não é somente o espelho que me desmente, mas também a convicção de que, apesar de Nietzsche, a história não se repete, nem como tragédia nem como farsa, e que, por mais que pareçamos repetir temas de 1964, estamos realmente falando a partir do que somos e sentimos em 2002.

Situados, pois, em 2002, que podemos ver, se olharmos para trás?

Vemos uma **primeira fase** na história do nacionalismo brasileiro, que se estende até os anos 50. O nacionalismo se dava essencialmente em termos culturais.

No início de nossa vida independente, tratava-se de plasmar uma identidade cultural brasileira, recusando os modelos importados. Foi o nacionalismo romântico, que descobriu a paisagem tropical e substituiu os natchez de Chateaubriand pelos tamoios de Gonçalves Dias.

Depois veio o nacionalismo cientificista, como o de Sílvio Romero, que partindo de Taine sustentava que nenhuma manifestação cultural seria autenticamente brasileira se não refletisse a raça, o meio e a história do Brasil. Ela seria, no máximo, uma cópia da cultura alheia – um pastiche. Era o cerne de sua oposição a Machado de Assis, culpado de ter copiado o humorismo inglês, nascido numa conjunção homem-meio-momento profundamente diferente da nossa.

Euclides da Cunha também era um homem de ciência, mas partia de outra perspectiva teórica. Não são mais as leis do determinismo geográfico ou racial que as elites brasileiras estão violando quando imitam a cultura estrangeira: são as leis da evolução. Não é mais Taine que decreta a inautenticidade de nossa cultura, é Spencer. Em vez de deixarem uma cultura própria emergir no Brasil, abrangendo por igual todas as camadas da população, as elites litorâneas resolveram queimar etapas, absorvendo, pela cópia, idéias e instituições correspondentes a estágios evolutivos mais avançados – uma civilização de empréstimo.

Chega o nacionalismo modernista. A cultura acadêmica tem que ser demolida não só por ser anacrônica como por ser estrangeira. Era preciso ao mesmo tempo atualizar a inteligência artística brasileira, libertando-a da métrica, e descolonizá-la, libertando-a da Europa. Daí o tom nacionalista, que só o tom irônico salva da xenofobia. Wagner submerge ante os cordões do Botafogo. Bárbaro e nosso. Sem nós a Europa não teria sequer sua pobre declaração dos direitos do homem. Contra todos os importadores de consciência enlatada. Antropofagia: devorar as partes suculentas da cultura européia, devolvendo os ossos. Absorção do inimigo sacro: a Europa. Ano 274 da Deglutição do Bispo Sardinha. Graça Aranha declara guerra à Academia Brasileira de Letras, reduto de um academicismo fóssil, culto senil de uma língua que deixou de ser nossa. Não, o Brasil não é a câmara mortuária de Portugal. Vem a Escola de Recife, propugnando um modernismo regionalista, que substituísse as roupas de veludo da metrópole, feitas para gelos que não existem aqui, por vestidos costurados pachorrentamente pela mucama do engenho. Surge, com Plínio Salgado, um modernismo de direita: a Anta. Que pretende a Anta? Nada de muito diferente do que pretende o modernismo de esquerda: a formação de uma cultura brasileira, pelo repúdio a influências estrangeiras. Somos escravos miseráveis da cultura européia, acusa Plínio. Pior que isso, somos uma nação fêmea, grávida do pensamento estrangeiro.

Com a ditadura Vargas, o nacionalismo cultural passa a incidir sobre idéias políticas. A cultura estrangeira que se trata de proibir, agora, é a cultura política, que defende idéias exóticas, profundamente alheias à realidade brasileira, como as idéias democráticas. Felizmente, Azevedo Amaral e Chico Campos estão a postos, espada chamejante em riste, para proteger contra investidas exógenas o pensamento autoritário, o único com raízes fundas na realidade nacional.

Nos anos 50, inicia-se uma **segunda fase**. Ninguém pode falar com mais autoridade sobre essa virada que o Professor Candido Mendes, tanto por sua contribuição indireta, através da instituição da qual ele foi co-fundador, o ISEB, como diretamente, através dos seus próprios livros, como "Nacionalismo e Desenvolvimento", a que me referi no início. Essencialmente, o nacionalismo era visto agora em sua relação com o desenvolvimento, o grande tema do período JK. Nacionalismo e desenvolvimentismo passaram a ser termos complementares. Segundo alguns, o nacionalismo seria a ideologia do desenvolvimento, tomando-se a palavra ideologia como um conjunto de idéias-motrizes, capazes de mobilizar determinadas camadas da população, e não no sentido marxista, como um conjunto de representações falsas, porque vinculadas a interesses particulares. Para evitar as ambigüidades do conceito de ideologia, outros preferiam definir o nacionalismo como a consciência política do desenvolvimento. Em sua função mobilizadora, o nacionalismo tinha analogias, também, com o conceito soreliano de mito.

Em qualquer dessas variantes, o nacionalismo tinha como função traçar uma linha de partilha entre as forças sociais identificadas com o *statu quo* colonial, como o latifúndio agroexportador, o comércio especulativo e o peleguismo, e as forças sociais progressistas, que queriam romper a situação colonial, como o empresariado industrial, as classes médias produtivas e o proletariado politicamente consciente. Na perspectiva do nacionalismo, portanto, não existiam lutas de classe, mas apenas conflitos entre elementos progressistas e retrógrados dentro de cada classe. As alianças se fariam entre elementos progressistas de todas as classes. Assim, a burguesia industrial e os trabalhadores estão, ou deveriam estar, unidos numa frente comum desenvolvimentista. Ambos teriam a lucrar com o desenvolvimento, os trabalhadores porque obteriam melhores salários e os industriais porque aumentariam suas oportunidades de lucro e de investimento. Na ótica do nacionalismo, não há contradições insolúveis entre o capital e o trabalho, na medida em que os dois são aliados num empreendimento comum. Helio Jaguaribe exprimiu bem essa convicção quando escreveu que a ideologia nacionalista é ao mesmo tempo representativa e autêntica. É representativa no sentido de que corresponde aos interesses e à visão do mundo de uma certa classe. E é autêntica porque satisfaz às aspirações da maioria da coletividade.

A face externa do nacional-desenvolvimentismo é uma política externa independente, que deixa o país livre para seguir todas as opções que favoreçam e acelerem seu projeto de desenvolvimento autônomo. Como o nacionalismo clássico, portanto, o nacional-desenvolvimentismo tinha um componente de afirmação internacional, que assumiu freqüentemente a forma de uma política antiamericana.

A polaridade nacional-estrangeiro experimentou com Guerreiro Ramos uma curiosa inflexão teórica. Surgia o conceito de "redução sociológica". A idéia era só aproveitar o núcleo universalmente válido da produção científica estrangeira, excluindo o resto. Era a antropofagia aplicada à sociologia. Era também o modelo da substituição de importações, que estava sendo aplicado com êxito na indústria automobilística. O termo "redução" tinha duas origens. Vinha do vocabulário da metalurgia (metáfora expressiva, num país que estava querendo desenvolver sua indústria siderúrgica): o metal é produzido pela "redução" do minério, afastada a ganga. "Redução" era também um termo técnico da filosofia de Husserl: a colocação entre parênteses (*epoche)* de certos conteúdos da consciência e de certas configurações do mundo empírico, o que a redução sociológica também pretendia fazer, pondo entre parênteses o que não fosse aproveitável no Brasil.

Os primeiros anos da década dos 60 introduziram uma **terceira fase**, marcada por um grande radicalismo. Foi o fim da ilusão da colaboração de classes. O desenvolvimento, agora, não passava mais apenas pela industrialização, mas por reformas de base, principalmente a reforma agrária, que inviabilizavam uma frente comum desenvolvimentista. A agitação social, direta ou indiretamente sob a inspiração do regime cubano, inspirou reações de insegurança que levaram as classes médias e altas a cerrar fileiras em torno das forças armadas, independentemente do protagonismo que havia sido atribuído a cada uma pelos intelectuais nacional-desenvolvimentistas. Na frente externa, o nacionalismo assumiu características abertamente antiimperialistas e antiamericanas. Uma de suas manifestações foi a grande mobilização em torno da Conferência das Nações Unidas para o Comércio e o Desenvolvimento, da qual emergiu o grupo dos 77, espécie de sindicato dos pobres, representando os países da periferia no que alguns já chamavam de "luta de classes internacional."

A ditadura militar corresponde à **quarta fase**. O nacionalismo não desapareceu, apesar da opção pró-americana dos militares em tudo o que se referia ao conflito Leste-Oeste. Mas não houve alinhamentos automáticos no conflito Norte-Sul. Os militares continuaram apoiando uma linha de independência em questões econômicas multilaterais. Em geral, seu nacionalismo era uma projeção ideológica da fantasia do Brasil Grande. Era um nacionalismo sem povo, ao contrário da segunda e terceira fases. Seu substrato era a nação, comunidade imaginária, totalidade indivisa, abstração auriverde, sem classes antagônicas, sem clivagens de interesses. De resto, o repúdio aos modelos estrangeiros foi um passatempo favorito dos militares. O marxismo era uma "ideologia exótica." O liberalismo e a democracia eram plantas de clima frio, adaptadas à Europa e aos Estados Unidos, mas que só podiam vingar no Brasil depois de algumas alterações genéticas. Essa botânica dos militares tinha estranhas analogias com o conceito de redução sociológica. É que uma e outra se moviam num espaço intelectual comum: o do nacionalismo cultural.

Eis o que vemos, Candido, neste ano da Graça de 2002, quando olhamos para trás.

E que vemos, quando olhamos para o presente? Creio que com o fim da ditadura, estamos vivendo uma **quinta fase**, caracterizada pela abertura com relação ao mundo, em todos os aspectos, do econômico ao político. Estamos longe do nacionalismo estetizante da primeira fase, do nacionalismo desenvolvimentista da segunda fase, do nacionalismo populista da terceira fase, e do nacionalismo verde-oliva da quarta fase.

Mas só um surdo não ouve os grandes gritos de cólera que se erguem em toda parte contra o processo de globalização, rolo compressor que ameaça desfigurar o que ainda sobra de autenticidade cultural no país, e contra as interferências inaceitáveis dos funcionários internacionais, que impõem políticas que esvaziam o processo democrático, porque não foram nem desejadas nem decididas pela única instância legítima para fazê-lo, o povo soberano.

Nossa autonomia está sendo solapada, em todas as suas dimensões. A autonomia econômica é uma ficção, num mundo em que as principais decisões macroeconômicas são tomadas por bancos centrais estrangeiros e por conselhos de administração de empresas transnacionais, em que a volatilidade dos mercados financeiros impede qualquer planejamento a longo prazo, e em que as inovações tecnológicas têm origem externa. A autonomia política se torna relativa, quando se leva em conta que as decisões políticas que mais diretamente afetam nossas vidas são tomadas fora de nossas fronteiras. Deixa de valer, assim, o grande postulado rousseauista de que o povo que manda, como soberano, é o mesmo que obedece, como súdito, pois quem sofre os efeitos dessas medidas não participou do processo político que levou à sua adoção. A autonomia cultural é uma fraude para aqueles que ficam indefesos diante dos aparelhos ideológicos e que são meros consumidores passivos de bens culturais sobre cuja produção e distribuição não têm qualquer controle. A democracia interna, garantia dos valores da autonomia, fica fragilizada, em geral, com a inexistência de uma ordem internacional não-democrática, que obriga os estados nacionais a recorrerem à razão de estado, aos serviços de inteligência, e a todos os dispositivos que asseguram a invisibilidade do poder, erodindo com isso o princípio da responsabilidade dos governantes diante dos governados, exigência central da democracia. Se não há ordem internacional democrática sem estados democráticos, a recíproca é também verdadeira, pois não há democracia interna plena sem uma ordem internacional plenamente democrática. Enfim, o suporte material da autonomia, a segurança física do indivíduo, não pode ser assegurado apenas pelo monopólio da violência por parte do Estado, porque não existe monopólio semelhante na ordem internacional, o que nos expõe à violência suprema, a guerra.

Mas esse quadro melancólico não pode ser o fim do percurso. Depois do olhar voltado para o passado e para o presente, o advento de uma nova constelação política no Brasil nos anima a olhar o futuro, onde vislumbramos os contornos de uma **sexta fase.** Nesse estágio, parece evidente que o novo governo tudo fará para corrigir a vulnerabilidade externa do Brasil, forçado, pelo modelo vigente, a depender de poupanças externas para fechar seu balanço de transações correntes. O novo modelo apostará tudo no crescimento do mercado interno, como na segunda fase, e recolocará o desenvolvimento no centro do debate político, como nos anos 50, embora não mais a partir de uma mística desenvolvimentista, e sim para atender ao compromisso maior do governo, a geração de empregos.

Mas aí cessam as semelhanças. Não creio que desta vez o desenvolvimento deva estar necessariamente conjugado ao nacionalismo, porque nas circunstâncias atuais do mundo os problemas que nos ameaçam têm caráter global, e só no terreno global podem ser resolvidos. Não podemos reagir nacionalmente a desafios que não se dão num quadro nacional. Sem prejuízo das medidas nacionais que durante muito tempo continuarão sendo necessárias, é em direção a uma democracia mundial que devemos caminhar, como única estratégia possível para que os povos da nova periferia possam reagir tanto às pressões anônimas da globalização como ao unilateralismo da potência hegemônica. O Fórum Social de Porto Alegre aponta os caminhos para um novo internacionalismo, com a democracia mundial como desfecho último.

No entanto, há um denominador comum entre o novo internacionalismo e o nacionalismo do passado: num e noutro caso, trata-se de aumentar o poder decisório dos países periféricos. Em sua face externa, o nacionalismo da segunda e da terceira fase tinha como objetivo fundamental reduzir a dependência com relação a decisões externas. Mas na era global, a possibilidade para os estados nacionais de assegurarem esse controle se reduziu. Todos sofrem os efeitos de decisões para cuja adoção eles não contribuíram. Daí a importância de uma democracia mundial, em que todas essas decisões serão tomadas com plena participação dos diretamente interessados. Em outras palavras, a democracia mundial continua, por outros meios, a política da autodeterminação visada pelos antigos nacionalismos.

Tudo isso ainda está no terreno da utopia, mas há boas e más utopias, e a nossa é uma boa utopia, uma utopia concreta, no sentido de Ernst Bloch, movida por uma esperança realista, uma *docta spes*, instruída por tendências já presentes na realidade. É nessa utopia que desemboca a longa reflexão sobre o nacionalismo no Brasil, um nacionalismo que em seus melhores momentos nunca foi xenófobo, e constituiu, paradoxalmente, uma etapa necessária em direção ao universalismo.

A QUESTÃO DA IDEOLOGIA E OS ANOS 60

Leandro Konder*

Permito-me confessar uma estranha reação inicial ao tema que nos foi proposto. Convidado a comentar a discussão que se travou nos anos 60 em torno das relações entre o marxismo e o estruturalismo, senti-me curiosamente irritado diante da época em que a discussão aconteceu.

Agora, ouvindo a exposição feita pelo meu querido amigo Carlos Nelson Coutinho, acho que estou entendendo melhor o que se passou comigo.

O Carlos Nelson mostrou que aquele foi um momento de grande efervescência no campo do marxismo. O pensamento marxista, libertado do controle estabelecido pela doutrina oficial do "marxismo-leninismo", recuperou sua vitalidade e passou a explorar diversos filões. Era um marxismo saudavelmente "pluralista".

Foram resgatados conceitos muito importantes da filosofia de Marx, tais como a alienação, a dialética, a práxis, a ideologia.

O que me irritava, no momento em que revisitei a reflexão feita pelos marxistas naqueles anos, era a percepção de que nas décadas subseqüentes essa reflexão acabou não sendo suficientemente aproveitada, isto é, não foi bastante aprofundada e desenvolvida.

Essa constatação me irritou, porque não sou "neutro" em face da história do marxismo e não tenho isenção a respeito do que acontece com o pensamento de esquerda. Me senti frustrado em minhas expectativas, nascidas da situação que tínhamos nos anos 60.

Posso exemplificar com as vicissitudes do conceito de ideologia, com o qual Marx "subverteu" radicalmente a teoria do conhecimento.

Para Marx, a construção do conhecimento, por si mesma, apresenta grandes dificuldades, já que a aparência das coisas não coincide imediatamente com a essência delas e a apreensão do movimento do real exige o que Hegel chamava de "o esforço do conceito".

---

* Bacharel em Direito pela UFRJ (1958); professor adjunto do Departamento de História da UFF; doutor em Filosofia pela UFRJ; professor associado do Departamento de Educação da PUC-Rio (Filosofia da Educação); colaborador semanal do *Jornal do Brasil*. Publicou, entre outros trabalhos, "Marxismo e alienação"; "Walter Benjamin, o marxismo da melancolia"; "Hegel, a razão quase enlouquecida"; e "Os sofrimentos do 'homem burguês'".

Porém, Marx dava um passo além: abordava dificuldades adicionais, decorrentes da situação dos sujeitos do conhecimento. Perguntava: como agem em condições que os dividem, que promovem a colisão de seus interesses vitais, esses sujeitos tropeçam em armadilhas criadas por eles e que eles mesmos não conseguem entender inteiramente?

Com a divisão social do trabalho, com a apropriação privada dos meios de produção, com a escravidão, a luta de classes, a exploração do trabalho de uns por outros, os sujeitos humanos passaram a ter diante deles obstáculos poderosíssimos, quando tentavam enxergar as coisas de um ângulo mais abrangente, mais universal. Passaram – como disse Lucien Goldmann – a sofrer as limitações de uma "perspectiva parcial inevitável", que é, exatamente, a ideologia.

Na sociedade burguesa desenvolvida, industrializada, o problema se agravou. Com o capitalismo, o mercado se torna o centro da vida social e tudo tende a se tornar mercadoria. A força de trabalho também passa a ser uma mercadoria: é negociada no mercado, trocada por um salário.

A forma do salário, segundo Marx, dá facilmente ao trabalhador a impressão de que está fazendo uma troca justa, mas na realidade ele está fazendo uma troca sempre desigual. E a ideologia – que camufla isso – assume a forma do que Marx chama de "o fetichismo da mercadoria".

O mercado oferece à nossa contemplação um espetáculo que mostra as mercadorias, coisas, objetos, se movendo por conta própria. Esse espetáculo influencia até a linguagem quotidiana. As pessoas falam: o petróleo subiu, o feijão baixou, o ônibus aumentou, o imposto diminuiu, o açúcar mascavo sumiu, etc. Por obra e graça dessa forma sutil de distorção ideológica (o "fetichismo da mercadoria"), os sujeitos que movimentam os objetos desaparecem...

A distorção ideológica não resultaria, assim, das manobras pérfidas de quaisquer "usinas" produtoras de ideologias a serviço da burguesia. Essas "usinas" até existem, mas não são as causadoras (no máximo amplificadoras e aproveitadoras) da distorção. A causa está na própria organização da sociedade, na sua cisão interna.

A ideologia, de acordo com Marx, não é a mentira pura e simples: ela pressupõe o conhecimento (ao menos algum conhecimento verdadeiro) e o distorce, a ponto de traí-lo.

Como enfrentar o desafio de combater e superar as distorções ideológicas? Como ter certeza de que o meu ponto de vista, quando critico a ideologia, não está sendo ideológico? Se a ideologia se expande e penetra sorrateiramente em todas as expressões culturais, o que me imunizaria contra ela? O que seria o não-ideológico?

Marx procurou responder a essas perguntas remetendo-se à prática. Para ele, o problema seria solucionado na medida em que o proletariado fizesse a revolução social, superasse o modo de produção capitalista e criasse a sociedade reunificada, sem classes e sem Estado: o comunismo.

Esse encaminhamento de solução para o problema encontrou resistências e hoje vem sendo considerado em muitos setores como utópico e politicamente pouco convincente. Sua credibilidade, que já era limitada no final do século XIX, ficou devastadoramente danificada pelos desdobramentos frustrantes das experiências socialistas que no século XX se caracterizaram como marxistas.

Temos, então, na teoria da ideologia elaborada por Marx, dois aspectos: uma **questão** cuja vitalidade continua a ser amplamente reconhecida e uma **solução** que está bastante envelhecida. Nas páginas que se seguem, procurarei lembrar, muito sumariamente, algumas das expressões dos movimentos teóricos de alguns pensadores que, após a morte de Marx, de algum modo, retomaram e reexaminaram a questão da ideologia.

Marx morreu em 1883. Engels viveu até 1895 e viu o início de mudanças importantes no campo da luta política: o movimento operário europeu criou os primeiros partidos de massa e os primeiros sindicatos de massa na história. O sufrágio universal (masculino) trouxe a possibilidade de serem arrancadas concessões às classes dominantes. Certas inquietações radicais do velho Marx foram atenuadas por seus seguidores.

Na concepção da história, a dialética cedeu espaço para o **determinismo**, que proporcionava certa segurança psicológica aos militantes (que, como observou Walter Benjamin, se sentiam na crista da onda que os impelia, inexoravelmente, em direção ao socialismo). A questão da ideologia ficou subaproveitada.

Lênin fez uma opção pragmática: deixou de lado a dimensão epistemológica da questão da ideologia e só se interessou pelo uso político imediato dela. Se algumas ideologias, burguesas, tinham um uso político conservador, e a elas se contrapunha uma ideologia proletária, progressista, era isso que importava. O "marxismo-leninismo" passou a operar com uma dicotomia que se afastava da preocupação teórica de Marx: a dicotomia ideologia progressista x ideologia conservadora.

Gramsci procurou combinar Lênin e Marx. Empenhou-se em articular a atenção que Marx dava à distorção do conhecimento com a atenção que Lênin dava ao uso histórico-político das ideologias. Concentrou suas observações na passagem do "senso comum" ao "bom senso" e abriu caminho para a análise crítica das formas de institucionalização do controle da produção de representações. Como uma classe consegue ser não apenas "dominante", mas também – e decisivamente – dirigente? Como ela passa a exercer sua "**hegemonia**" sobre a sociedade? Como ela constrói o "consenso"?

O tema foi retomado pelos filósofos da "Escola de Frankfurt", que se mantiveram críticos implacáveis do capitalismo e trouxeram para a reflexão sobre a questão da ideologia a tese de que o modo de produção capitalista fortaleceu muito sua influência ideológica através da "**indústria cultural**". Os trabalhadores, explorados em suas necessidades, na esfera do trabalho, passaram a ser manipulados em seus desejos, na esfera do consumo. Passaram, em certa medida, a se identificar com as classes dominantes.

Criou-se uma situação esdrúxula. Os marxistas "ortodoxos", que tinham a atuação política de maior repercussão prática, empobreciam o legado teórico de Marx. E os marxistas "heterodoxos", que tinham uma influência política bem menor, contribuíam para revitalizar as inquietações radicais que se expressavam nos conceitos de Marx (entre os quais, o de ideologia).

Na era em que Stálin era o principal dirigente do movimento comunista mundial, as reflexões mais originais a respeito da ideologia não vieram das fileiras dos partidos, mas de marxistas politicamente marginalizados, que não recuavam diante de teses ousadas ou bizarras, como o russo Mikhail Bakhtin (teórico da "carnavalização") e o alemão Benjamin (que combinava o marxismo com a teologia judaica).

Bakhtin, com suas concepções do "dialogismo" e da "polifonia", abriu espaço para que se reconhecesse o vigor subjetivo das potencialidades da cultura popular, em sua crítica à cultura das elites. E Benjamin, com sua disposição messiânica, contribuiu para que os verdadeiros revolucionários insistissem em "escovar a história a contrapelo".

Uma exceção nesse quadro de marxistas situados fora das fileiras da militância organizada foi Louis Althusser, membro do Partido Comunista Francês, que elaborou uma concepção original da ideologia, empenhado em combater a falta de rigor da versão oficial do "marxismo-leninismo". Assimilando idéias provenientes da psicanálise (sobretudo de Lacan), Althusser entendeu que a ideologia constituía uma esfera de fenômenos inelimináveis da representação da realidade pelos seres humanos, e sustentou que a ela se contrapunha a Teoria (com T maiúsculo), ou a Ciência. Esse ponto de vista, a meu ver, propiciava certa supervalorização da Ciência, que passava a dispor, em princípio, de superpoderes; e escapava à desconfiança que cultivamos em nossa reação contra as insidiosas distorções ideológicas.

A problemática da ideologia vem viabilizando nas investigações históricas o fortalecimento de uma postura crítica e autocrítica, que ajuda o historiador a evitar prejulgamentos e avaliações formuladas em tom peremptório, lembrando ao sujeito que a realidade é sempre mais rica do que nós conseguimos reconhecer e estimulando nele - em relação a si mesmo e aos outros - uma preciosa desconfiança dialética em relação à construção e ao uso social do conhecimento.

Quando revisitamos as idéias dos marxistas mais criativos dos anos 60, contudo, nos vem a dúvida: será que temos sido suficientemente audaciosos no nosso exame crítico da questão da ideologia?

Minha irritação, então, tem a ver com as dúvidas que me ocorrem a respeito do aproveitamento do legado dos marxistas dos anos 60. Temos sido - eu e meus companheiros - suficientemente críticos? Temos sido suficientemente autocríticos?

Um rápido olhar dirigido ao **humor** nos dá o que pensar.

O humor tem desempenhado um papel significativo na nossa história política e na nossa cultura. Não propriamente fazendo revoluções, pois não é essa a sua função, mas bagunçando o coreto das expressões da ordem constituída. Foi o que se viu nos anos 60 com Stanislaw Ponte Preta, Millôr Fernandes, Henfil, Jaguar, e a turma do Pasquim. Com sua irreverência, esse grupo heterogêneo de humoristas contribuiu para o fortalecimento da crítica de esquerda que se fazia naquele período.

O humor tem a ver com a nossa capacidade de compreender dialeticamente os movimentos das contradições. Ao se levarem muito a sério, os críticos de esquerda acabam adotando modelos explicativos que de algum modo desrespeitam a inesgotabilidade do real, a irredutibilidade do real ao saber. O riso dialético relativiza o conhecimento já construído e amplia o espaço das indagações possíveis.

O sujeito se pergunta: será que eu sei mesmo aquilo que eu penso que sei? O poeta Brecht já dizia que um sujeito sem humor é incapaz de entender a dialética.

E o humor tem a ver com a autocrítica, já que rindo e fazendo rir conseguimos viabilizar a autocrítica menos dolorosamente. Tendo o riso como analgésico, podemos, ao lado do "triunfalismo" conservador do nosso **curriculum vitae**, enfrentar o desafio de fazer o nosso **curriculum mortis**.

Creio que um dos elementos dos anos 60 que nos convém recuperar e recriar hoje é o humor. E com essa sugestão – rindo, naturalmente – encerro minha intervenção.

OS "LONGOS ANOS 60": MARXISMO E ESTRUTURALISMO

Carlos Nelson Coutinho*

1. Eric J. Hobsbawn, em seu belo livro "A era dos extremos", lembrou-nos de um fato óbvio: os períodos históricos significativos nem sempre correspondem às datas fixadas nos calendários. Para o historiador inglês, o século XX — que ele chama de "século breve" — começou em 1914, com a eclosão da Primeira Guerra Mundial, e terminou em 1989, com a queda do Muro de Berlim e o já anunciado colapso do chamado "socialismo real", que se concretizaria definitivamente com a dissolução da União Soviética em final de 1991.

Poderíamos dizer o mesmo a respeito dos "anos 60", que constituem o tema de nossa mesa de hoje. Temos aqui, porém, um caso inverso: ao contrário do século XX, que foi mais breve do que as datas presentes nos calendários, os "anos 60" — naquilo que delimitam um período específico na evolução da história e na correspondente batalha das idéias — foram bem mais longos. Ocupam, na verdade, cerca de duas décadas. Têm início em 1956, ano em que o XX Congresso do Partido Comunista da URSS denunciou o chamado "culto à personalidade" (eufemismo para indicar os crimes cometidos por Stalin na direção da ex-União Soviética), e terminam em meados da década de 70, quando temos a última tentativa, pelo menos até agora, de transformar o marxismo prático — ou seja, a ação política inspirada no marxismo — em algo compatível com o "Ocidente", isto é, com sociedades mais complexas, o que se verifica no movimento conhecido como "eurocomunismo", liderado pelo saudoso Partido Comunista Italiano.

Em meio a esta "década longa" — se me permitem parodiar Hobsbawn —, ocorrem fatos absolutamente decisivos, que de certo modo dão continuidade aos eventos iniciados em 1956, por um lado, e, por outro, preparam o que ocorrerá na primeira metade da década de 70. Refiro-me, evidentemente, àquela onda de movimentos contestatários que teve suas máximas expressões: 1) nos eventos ocorridos na França em maio de 1968, quando estudantes e operários ameaçaram a permanência da ordem capitalista; 2) na chamada Primavera de Praga, quando uma tentativa de renovação democrática do socialismo (o chamado "socialismo com rosto humano") foi violentamente reprimida pela invasão militar dos soviéticos e de seus aliados, pondo assim definitivamente a nu, se ainda fosse preciso, o caráter reacioná-

* Professor titular de Teoria Política na UFRJ; autor, entre outros, de "Gramsci. Um estudo sobre seu pensamento político" (Rio de Janeiro, Civilização Brasileira, 1999); "Cultura e sociedade no Brasil" (Rio de Janeiro, DP & A, 2000); e "Contra a corrente. Ensaios sobre democracia e socialismo" (São Paulo, Cortez, 2000).

rio e repressor do chamado "socialismo real"; 3) e no menos conhecido, mas não menos importante, *autunno caldo* italiano de 1969, quando a classe operária peninsular obteve conquistas que também ameaçaram os fundamentos do capitalismo.

Estamos diante de três casos emblemáticos, mas cabe lembrar que essa onda libertária não se limitou a tais casos. Durante os anos 1968-1969, movimentos do mesmo tipo envolveram quase todas as regiões do mundo, dos Estados Unidos ao Japão, do resto da Europa à nossa América Latina. No início dos anos 70, transições ao socialismo foram iniciadas, ainda que sem sucesso, no Chile e em Portugal. Tampouco se deve esquecer que, nesta atribulada década, além da renovação de alguns partidos comunistas (o PCI é precisamente o caso mais emblemático), surgiram por toda parte movimentos que, continuando a se opor ao capitalismo e ao imperialismo, divergiam profundamente do modelo adotado nos países do chamado "socialismo real". O conjunto heterogêneo destes movimentos, que tiveram seu auge precisamente nos "anos 60", tornaram-se conhecidos sob a designação genérica e imprecisa de "Nova Esquerda". Uma de suas manifestações foi o que podemos chamar de "heresia cubana", com grande impacto precisamente nesta década, ou seja, antes do posterior e forçado alinhamento de Cuba com o bloco soviético. E também o "maoísmo" foi interpretado por muitos intelectuais ocidentais (ainda que, a meu ver, erroneamente) como expressão de uma Nova Esquerda, ou seja, como alternativa socialista oposta ao modelo soviético.

Talvez surpreeenda a muitos o fato de que — embora me proponha aqui recordar uma disputa teórica, um debate em última instância filosófico — eu tenha tomado eventos nitidamente políticos como parâmetros para delimitar o período histórico que podemos chamar de "anos 60". Fiz isso porque, como marxista (não gostaria de simular aqui uma neutralidade que prazerosamente descarto), estou convencido de que as reflexões filosóficas não ocorrem no puro plano das idéias, não se explicam apenas por um suposto desenvolvimento imanente do espírito, mas são respostas teóricas aos problemas colocados pela vida concreta dos homens e das sociedades. Como dizia Hegel, a filosofia é uma época elevada a conceito. Nem a Primeira Guerra nem o colapso da União Soviética (os marcos escolhidos por Hobsbawn para delimitar o século XX) são fatos "teóricos"; mas, como seu belo livro nos demonstra, eles são decisivos para entender não apenas a história do século que acabou de se concluir, mas também todas as manifestações filosóficas, artísticas, etc., ocorridas no que ele chamou de "século breve". Do mesmo modo, creio que não podemos avaliar a problemática cultural dos "anos 60" sem estender o seu âmbito para aquém e para além dos limites fixados pelos calendários, tomando como marcos para a delimitação do período os eventos claramente políticos a que me referi.

2. Mas, ainda que os "anos 60" não correspondam às datas registradas no calendário, gostaria de enfatizar que os organizadores de nosso seminário acertaram ao ver o confronto entre marxismo e estruturalismo — que, em ambos os casos, apresentam diferentes versões — como o principal debate filosófico do período. Ainda que o cenário filosófico da época não tenha se limitado a estas duas correntes de pensamento — foram também muito expressivos no período um crescente interesse pela filosofia analítica e por Heidegger, bem como a difusão mundial da chamada "contracultura", que misturava ecleticamente desde idéias de Wilhelm Reich até o orientalismo —, apesar disso, não é possível ignorar a centralidade do confronto teórico entre marxismo e estruturalismo ao longo dos "anos 60".

De resto, não foram poucos os autores marxistas a compreender a importância desse confronto. Henri Lefebvre e Jean-Paul Sartre, por exemplo, sublinharam a clara oposição entre a dialética marxista e o estruturalismo. O primeiro via no estruturalismo a ideologia dos tecnocratas, enquanto o segundo ironizava o Foucault de "Les mots et les choses" dizendo que ele queria substituir o cinema pela lanterna mágica, ou seja, a historicidade real por uma sucessão de "epistemes" incomunicáveis entre si. Georg Lukács chegou mesmo a supor — como disse numa carta que me dirigiu, em 26 de fevereiro de 1968 — que o estruturalismo "não terá uma vida muito longa, mas se trata hoje do maior obstáculo para o desenvolvimento do marxismo". Também por parte dos principais autores estruturalistas — como, em particular, Lévi-Strauss, o mais conseqüente dentre eles — era claro o sentimento de oposição entre suas posições e o marxismo; assim, por exemplo, no último capítulo de "La pensée sauvage" (de 1962), Lévi-Strauss contrapõe claramente a "razão analítica", que ele defende e pratica em sua obra, à razão histórico-dialética dos marxistas, tomando especificamente como alvo de sua polêmica a "Critique de la raison dialectique" de Sartre, que fora publicada em 1960. Lucien Sebag chegou mesmo a escrever todo um livro, intitulado precisamente "Marxisme et structuralisme", para indicar a oposição de princípio entre os dois sistemas teóricos. Também no Brasil — onde a polêmica entre estruturalismo e marxismo, apesar do clima de repressão em que então vivíamos, ocupou boa parte da cena cultural dos nossos específicos "anos 60" — não foram poucos os que, de ambos os lados, ressaltaram a divergência básica entre as duas perspectivas teóricas.

Infelizmente, não me será possível discutir aqui com mais vagar, dada a limitação de tempo, os tópicos essenciais que distinguem e opõem filosoficamente o marxismo e o estruturalismo. Posso justificar esta minha omissão lembrando que, há trinta anos, num livro intitulado "O estruturalismo e a miséria da razão" (publicado precisamente em 1972), dediquei-me amplamente ao confronto entre essas duas orientações filosóficas. Seria assim cômodo remeter a este livro, já que estou substancialmente de acordo com o que nele digo, ainda que o livro esteja há muito esgotado e só possa hoje ser encontrado em sebos ou em bibliotecas. Mas caberia registrar que os autores estruturalistas que nele abordo criticamente (Lévi-Strauss, Foucault, Barthes, Althusser), com exceção talvez de Lévi-Strauss, alteraram bastante suas posições nos anos que se seguiram a 1972. Seria inviável, no breve tempo de que disponho, atualizar minhas observações sobre tais autores, levando em conta tais alterações.

Sou assim obrigado a resumir drasticamente, sobre o confronto teórico entre marxismo e estruturalismo, aquilo que digo em "O estruturalismo e a miséria da razão". O marxismo, como legatário das melhores tradições do que lá chamo de "herança progressista" da filosofia burguesa, em particular de Hegel, recolhe criticamente desta herança três complexos categoriais: o humanismo, o historicismo, a razão dialética. Todos eles são frontalmente negados pelo estruturalismo. Em minha opinião, o estruturalismo deve ser visto como uma expressão do que chamo de "miséria da razão", termo com o qual — em analogia com a expressão "destruição da razão", criada por Lukács — busco designar uma corrente de pensamento que toma o racionalismo formal, instrumental, ou seja, uma razão empobrecida, como único parâmetro do conhecimento humano. Ao contrário da "destruição da razão", que defende abertamente o irracionalismo, as correntes ligadas à "miséria da razão" (a sociologia positivista, o positivismo lógico, o estruturalismo, etc.) limitam o âmbito do que pode ser racionalmente compreendido aos sistemas formais, ao que eles chamam de "estruturas". Neste sentido, é emblemática a última proposição contida no "Tratado lógico-filosófico" de Ludwig Wittgenstein, escrito quando ele ainda era um baluarte do neopositivismo: "Sobre o que não se pode falar, deve-se calar". Em outras palavras: o que não pode ser reduzido às regras da razão formal — ou seja, tudo aquilo que diz respeito à estrutura ontológica do real — é condenado à irrazão.

Portanto, a redução da racionalidade à sua dimensão instrumental e formalista termina por fazer com que os estruturalistas ponham fora do terreno da ciência (ou seja, para eles, da razão) os temas contidos nas problemáticas do humanismo, do historicismo e da razão dialética, temas que — como disse — são centrais na visão marxista do mundo. Já me referi ao fato de que Lévi-Strauss se opõe à dialética. Foucault, por sua vez, não hesita em dizer que, com a mudança de "episteme" anunciada para o nosso presente, o homem — cito-o literalmente — "vai desaparecer, como na beira do mar um rosto desenhado na areia". E Althusser, que tentava uma impossível conciliação de marxismo com estruturalismo, não hesitou em dizer enfaticamente que o marxismo, além de não ser um historicismo, seria também um "anti-humanismo teórico".

Creio haver assim — e tentei demonstrá-lo no meu velho livro — uma radical incompatibilidade entre marxismo e estruturalismo. Na medida em que os conceitos centrais do marxismo eram negados pelo estruturalismo, e que esta corrente teórica teve grande influência na época, creio que Lukács estava certo quando disse, em 1968, que o estruturalismo era então "o maior obstáculo ao desenvolvimento do marxismo".

3. Dito isso, vou concentrar o restante de minha exposição no que chamarei doravante de "o marxismo dos anos 60", buscando recordar alguns de seus traços fundamentais. Antes de mais nada, cabe lembrar: os "longos anos 60" — malgrado a oposição dos estruturalistas e de outras correntes teóricas e políticas — foram um "período de ouro" para a esquerda e, conseqüentemente, no terreno da teoria, para o marxismo. Quando Sartre, aderindo ao marxismo no final dos anos 50, afirmou enfaticamente (em "Question de méthode") que "o marxismo é a filosofia insuperável de nosso tempo", estava expressando uma convicção então partilhada por um contingente muito significativo de intelectuais e de militantes políticos.

A denúncia dos crimes de Stalin pelo XX Congresso em 1956, apesar de todos os seus limites teóricos e políticos, desbloqueou o estudo do marxismo e ampliou sua influência em todo o mundo. Data deste Congresso a quebra definitiva do quase monopólio da interpretação do marxismo pelos chamados "ortodoxos", interpretação que — consagrada nos famigerados "manuais" produzidos em série pela extinta Academia de Ciências da União Soviética — constrangia Marx e a tradição marxista nos estreitos limites do chamado "marxismo-leninismo", uma vulgata dogmática que empobrecia drasticamente não só o pensamento de Lenin, mas, sobretudo, aquele de Marx. Interpretação que, além disso, vetava o estudo de vários autores marxistas preconceituosamente condenados como "renegados" ou "revisionistas", tais como Karl Kautsky, Rosa Luxemburg, Max Adler, Karl Korsch, Georg Lukács, Antonio Gramsci, os integrantes da "Escola de Frankfurt" (Theodor Adorno, Max Horkheimer, Herbert Marcuse, etc.) e tantos outros.

Iniciou-se assim, a partir do final dos anos 50 — e malgrado os esforços dos dirigentes e dos ideólogos "marxistas-leninistas" para conter o movimento que haviam involuntariamente desencadeado —, um período que poderíamos chamar de "pluralismo" marxista. Passou-se não só a reler com novos olhos a totalidade da obra de Marx (inclusive os textos juvenis praticamente descartados pela ortodoxia "marxista-leninista"), mas também entraram na bibliografia obrigatória dos marxistas ocidentais todos aqueles autores "heréticos" e "revisionistas" a que me referi. Os que começaram a estudar o marxismo nos "longos anos 60", como é o meu caso, tivemos a fortuna de ser iniciados não pelos pífios manuais soviéticos, mas por autores como Lukács, Gramsci, Sartre, Lefebvre, Lucien Goldmann e tantos outros.

Dou um único e decisivo exemplo do clima de "abertura" pluralista que então se criou no seio do marxismo. Precisamente em 1960, uma editora francesa republicou (sem autorização do autor) uma obra "maldita" de Georg Lukács, "História e consciência de classe", cuja primeira edição é de 1923, mas que se tornara uma raridade bibliográfica, já que havia sido duramente condenada pela "ortodoxia" e também renegada pelo próprio Lukács. Quem viveu na época lembra o impacto que teve entre muitos de nós o acesso finalmente generalizado a esta obra, que tivera até então uma influência apenas subterrânea, presente em autores tão díspares como os membros da Escola de Frankfurt, Maurice Merleau-Ponty, Lucien Goldmann e outros. Não cabe recordar aqui os limites teóricos e políticos desta obra, que o próprio Lukács tão bem ressaltou no prefácio que, em 1967, escreveu para uma reedição finalmente autorizada da mesma. O fato é que o conhecimento de "História e consciência de classe" redespertou a curiosidade para a explícita dimensão filosófica do marxismo, presente não só nos escritos juvenis de Marx (como "A ideologia alemã" e os "Manuscritos de 1844"), mas também em seus trabalhos maduros de "crítica da economia política", que passaram a ser analisados e avaliados não mais como obras de "ciência econômica" entendida de modo positivista, mas como expressões de uma teoria social de clara orientação filosófica. É o que se manifesta explicitamente no excelente livro "Gênese e estrutura de 'O capital' de Marx", do polonês exilado Roman Rosdolski, publicado precisamente em 1968 e que acaba de ser editado no Brasil.

Este "pluralismo" marxista se expressou na multiplicidade de reflexões que, no decorrer da "longa década de 60", tomaram como inspiração a metodologia fundada pelo autor de "O capital". Poderia lembrar aqui, por exemplo, algumas obras seminais para a compreensão do capitalismo contemporâneo, como "O capital monopolista" (1966), dos norte-americanos Paul Baran e Paul Sweezy, e "O capitalismo tardio" (1973), do belga Ernest Mandel, bem como os interessantes estudos dos marxistas franceses, sobretudo de Paul Boccara, sobre o capitalismo monopolista de Estado. Também os integrantes da chamada "escola da regulação", liderados por Michel Aglietta, deram provas da vitalidade do marxismo em suas análises da economia capitalista. Dei intencionalmente exemplos de autores que, embora sejam todos inspirados no marxismo, apontam para diferentes "leituras" não só do capitalismo contemporâneo, mas do próprio legado de Marx. Isso comprova, precisamente, o "pluralismo" a que me referi.

Mas, dado que a economia não é meu campo prioritário de trabalho, prefiro recordar com um pouco mais de detalhes alguns autores que se situam explicitamente no terreno da filosofia e que, ao longo dos "anos 60", contribuíram para o desenvolvimento do marxismo teórico. Um deles, talvez o mais significativo, foi o húngaro Georg Lukács. Embora tenha se mantido formalmente fiel à "ortodoxia", pelo menos durante os anos 30 e 40, ou seja, no período que se segue à autocrítica de "História e consciência de classe" (uma autocrítica de resto sincera, como se pode ver no já citado prefácio que ele escreveu em 1967 para uma reedição de sua obra juvenil), Lukács certamente construiu uma original interpretação de Marx, que lhe valeu várias vezes uma dura condenação por parte dos "marxistas-leninistas". Esta interpretação tinha dois eixos principais: 1) uma concepção da estética que se contrapunha abertamente às "teorias" stalinistas-zdhanovistas, as quais reduziam a arte a instrumento de propaganda política, a mera expressão imediata da ideologia das classes sociais, enquanto a estética lukacsiana se concentrava na defesa do realismo, ou seja, da arte entendida como expressão da autoconsciência da humanidade; 2) uma leitura filosófica de Marx que acentuava o peso decisivo da herança hegeliana (também aqui em contraste com o materialismo vulgar proposto pela "ortodoxia"), o que levava Lukács a destacar a importância de categorias como humanismo, dialética, alienação, etc., que tanta influência iriam ter no "marxismo dos anos 60".

Mas é certamente depois do XX Congresso que a "heterodoxia" lukacsiana se explicita plenamente. As duas principais obras da maturidade tardia de Lukács, que morreu em 1971, foram publicadas precisamente nestes "anos 60". Em 1963, veio à luz a edição alemã da "Estética" (que logo depois conheceu edições em húngaro, espanhol e italiano), uma monumental obra com cerca de 2.000 páginas, na qual Lukács busca sistematizar sua teoria marxista da arte, por ele definida como mimese evocadora que gera "catarses", ou seja, que produz movimentos pelos quais tanto o produtor quanto o receptor da obra-de-arte se transportam, do nível de sua mera particularidade individual, à autoconsciência de sua participação no gênero humano. No início dos anos 70, foram publicadas postumamente suas derradeiras obras — "Para uma ontologia do ser social" (concluída em 1969) e "Prolegômenos à ontologia" (que restou inacabada) —, obras nas quais o velho pensador apresentava uma originalíssima leitura do legado filosófico de Marx. Para Lukács, Marx nos deixou não uma "ciência" no sentido positivista do termo, nem tampouco uma mera epistemologia "materialista", mas, sim, uma *ontologia do ser social*: uma ontologia que, ao articular dialeticamente teleologia (que não existe na natureza) e causalidade, supera as unilateralidades presentes tanto no materialismo vulgar quanto no idealismo, permitindo uma síntese superior de liberdade e determinismo.

Estamos diante de três obras-primas que, por sua profundidade e originalidade, estão certamente entre as mais destacadas produções filosóficas do século XX. Lukács as concebeu e executou como sua específica contribuição ao que ele chamava de "renascimento do marxismo", um movimento que era por ele concebido — em clara oposição à "ortodoxia" — não só como um retorno ao verdadeiro Marx, mas também, ao mesmo tempo, como o esforço por compreender a contemporaneidade à luz do autêntico marxismo. Lukács buscou também contribuir para este "renascimento do marxismo" através de textos de maior incidência imediata (entrevistas, conferências, artigos, etc.), nos quais abordava diretamente temas de política *stricto sensu* e de política cultural. Quando morreu, em 1971, com 86 anos, o longevo filósofo húngaro era certamente o pensador marxista mais conhecido e influente no mundo. O "marxismo dos anos 60" não pode ser reconstruído sem um acurado exame de sua obra e de sua influência.

O clima de "pluralismo" a que aludi é também responsável por uma maior atenção dada na época à obra dos integrantes da chamada Escola de Frankfurt. É nos "anos 60" que são gestados alguns importantes produtos tardios desta Escola (como a "Dialética negativa" e a "Teoria estética" de Adorno). Mas é também nesse período que são reeditados e finalmente tornados acessíveis (através de antologias e de traduções em várias línguas) os principais produtos da Escola em sua fase "clássica", ou seja, a dos anos 30 e 40. É o caso dos brilhantes ensaios de Walter Benjamin, de Horkheimer e de Marcuse, finalmente reunidos em livro, mas também da "Dialética do esclarecimento" de Horkheimer e Adorno, cuja edição original (publicada numa pequena editora holandesa e que se tornara uma raridade bibliográfica) é de 1944. Também se situam neste período os primeiros escritos de Jürgen Habermas, que na época ainda se valia expressamente do marxismo. É enorme neste período a produção marxista internacional tanto sobre a Escola de Frankfurt em geral como sobre cada um de seus integrantes em particular.

Mas o pensador frankfurtiano que mais influência teve na fisionomia intelectual específica dos "anos 60" foi indiscutivelmente Herbert Marcuse. Enquanto Adorno e Horkheimer — sobretudo após o regresso deles à Alemanha, depois do exílio norte-americano — passaram a combinar cada vez mais uma dura crítica do presente com um profundo pessimismo em face do futuro (a ponto de Adorno se tornar um dos alvos prediletos dos estudantes rebelados na Alemanha em 1968), Marcuse conservou suas esperanças numa transformação radical da sociedade e, desse modo, converteu-se numa das principais referências teóricas dos movimentos juvenis de contestação, então generalizados por todo o mundo. A imprensa chegava mesmo a dizer, na época, que as bandeiras destes movimentos juvenis traziam estampados três "M": Marx, Mao e Marcuse. Esta influência decorreu, sobretudo, do fato de que Marcuse não se resignou ao pessimismo objetivamente capitulacionista de seus colegas de Escola, mas prosseguiu até o fim em seu empenho por encontrar novos sujeitos revolucionários alternativos, já que, em sua opinião (cf., por exemplo, "O homem unidimensional", de 1964), o movimento operário teria sido definitivamente integrado e cooptado pelo capitalismo. Para ele, este novo sujeito revolucionário deveria ser formado pela massa de marginalizados de todo o mundo (movimento negro nos Estados Unidos, estudantes, povos da periferia capitalista, etc.), o que fez dele um dos principais teóricos daquele "terceiro-mundismo" que tanto peso teve nas formulações teóricas e nas propostas políticas da "Nova Esquerda" dos anos 60.

Marcuse é também um dos responsáveis por importante tendência cultural destes "anos 60", ou seja, a tentativa de construir uma síntese teórica entre Marx e Freud. Seu famoso "Eros e civilização", embora publicado em 1955, obteve efetiva difusão mundial somente na década de 1960. (O mesmo ocorreu, de resto, com Wilhelm Reich, pioneiro na tentativa de conciliar Marx e Freud, cuja obra foi escrita essencialmente nos anos 30.) Em "Eros e civilização", Marcuse propunha uma análise de Freud que superava o pessimismo da teoria social do pai da psicanálise. Enquanto Freud dizia que o avanço da civilização, forçando uma repressão cada vez maior do "princípio do prazer" pelo "princípio de realidade", levava a um aumento da agressividade e, portanto, das guerras e da violência, Marcuse inventou um terceiro "princípio", o da "eficiência", que seria responsável por uma "mais-repressão" (termo utilizado por evidente analogia com "mais-valia"). Portanto, seria possível — com a eliminação desta "mais-repressão", própria do capitalismo — imaginar um tipo de civilização pacificada, onde o "princípio de realidade" não mais se oporia à emancipação humana.

Pode-se discutir a justeza de ambas estas teorias de Marcuse, ou seja, tanto a identificação dos "marginais" como novo sujeito revolucionário quanto a visão de um Freud compatível com a teoria social de Marx. Não se pode, contudo, negar que a enorme influência então obtida por Marcuse, cujas posições são bastante diversas daquelas defendidas por Lukács (e por outros marxistas do período), atesta o que tenho afirmado até aqui: ou seja, que os "longos anos 60" são certamente caracterizados por uma forte influência do marxismo, mas de um marxismo que se apresenta não mais como um bloco monolítico e, sim, como uma corrente de pensamento rica e plural. Talvez tenha sido graças a este pluralismo que o marxismo obteve uma tendencial hegemonia no debate filosófico e teórico-político deste período.

É evidente que Antonio Gramsci, morto em 1937, nada produziu no período que nos interessa. Mas sua influência também foi marcante no decorrer dos "longos anos 60". Os "Cadernos do cárcere", ainda numa edição temática, foram publicados na Itália entre 1948 e 1951, onde tiveram um extraordinário impacto, sempre em chave "heterodoxa". Mas a influência de Gramsci não se limitou à Itália. Já no final dos anos 50, suas obras começaram a ser publicadas em espanhol, na Argentina, graças à iniciativa do comunista Héctor P. Agosti. Muitos volumes gramscianos foram publicados também no Brasil, ainda na segunda metade dos anos 60. Contudo, a verdadeira influência internacional de Gramsci — muito expressiva sobretudo na América Latina, na França, na Espanha e nos países de língua inglesa — cresceu sobretudo na primeira metade da década de 70.

Foi neste momento que — diante do fracasso das experiências "terceiro-mundistas" e "rupturistas" de uma boa parte da chamada Nova Esquerda, empreendidas sobretudo nos últimos anos da década de 60 — tornou-se central no debate teórico-político a atenção para o tema gramsciano da especificidade da revolução socialista no que ele chamou de "Ocidente". Em países onde há um "justo equilíbrio" entre Estado e sociedade civil, a luta pelo socialismo — diz Gramsci — não pode mais se basear na "guerra de movimento", que implica um ataque frontal ao Estado, mas, sim, na "guerra de posição", numa longa luta para obter consenso, para conquistar hegemonia. As formulações de Gramsci tiveram um grande peso na estratégia proposta pelo chamado "eurocomunismo", um movimento que — sob a liderança teórico-política do PCI, mas que envolveu partidos comunistas de todo o mundo, mesmo para além da Europa, como o mexicano e o japonês — propunha claramente um novo modelo de transição, pelo qual socialismo e democracia deveriam estar organicamente articulados. Não é aqui o local para analisar as razões do fracasso do eurocomunismo, mas apenas para registrar que este movimento me parece estar no fim de um período histórico, o período que chamei de "longos anos 60". Com este fracasso, encerra-se a "época de ouro" do marxismo. Têm início, a partir de então, pelo menos duas décadas de refluxo não só do marxismo como teoria, mas também do socialismo enquanto proposta alternativa de sociedade.

4. O que ocorreu nas décadas que se seguiram aos "anos 60"? O que podemos dizer hoje — no início de um novo século — sobre a velha polêmica entre

estruturalismo e marxismo, tão importante naquele período histórico? Em suma: qual é hoje a herança do estruturalismo e do marxismo?

Lukács tinha razão quando disse, em 1968, que o estruturalismo "não teria uma vida longa". O impacto do "maio francês" sobre esta corrente de pensamento foi devastador. Depois de 1968, com exceção de Lévi-Strauss (que, como sempre evitou abordar diretamente temas de atualidade, pôde continuar concentrado em seus estudos antropológicos), todos os demais estruturalistas empreenderam paulatinamente mudanças significativas em suas orientações teóricas. Michel Foucault substituiu as análises epistemológicas por uma temática política, ou seja, substituiu a estruturalista "arqueologia do saber" por uma não muito clara "genealogia do poder". Roland Barthes descobriu finalmente o "prazer do texto" e dos "discursos amorosos", deixando assim de lado o aborrecido formalismo lingüístico de suas anteriores análises semiológicas da arte e da literatura. Louis Althusser propôs reiteradas autocríticas, penitenciando-se freqüentemente por sua "tolerância" anterior com a terminologia estruturalista, mas sem que lhe tenha sido possível — pelas trágicas condições em que viveu seus últimos anos — reencontrar o caminho de uma nova teorização do marxismo.

Importa pouco saber se, em tais mudanças e autocríticas, tivemos uma efetiva superação dos limites da velha perspectiva que norteou os estruturalistas, baseada no que chamei de "miséria da razão". O fato é que o estruturalismo certamente morreu, sendo substituído pelo chamado "pós-estruturalismo", que hoje se confunde com o também chamado "pós-moderno": ou seja, com uma visão do mundo que — em nome do combate às "metanarrativas", isto é, à categoria da totalidade — continua se opondo encarniçadamente à dialética, ao historicismo e ao humanismo. A categoria da totalidade continua assim a ser o grande inimigo do pensamento antimarxista contemporâneo, também nesta sua nova versão "pós-estruturalista" ou "pós-moderna".

Quanto ao marxismo, certamente foi difícil o seu percurso nas décadas que se seguiram aos "longos anos 60". De filosofia tendencialmente hegemônica neste período, considerado por muitos (na trilha de Sartre) como a "filosofia insuperável de nosso tempo", o marxismo — perdendo seu vínculo orgânico com partidos e movimentos sociais, que lhe davam vida e estímulo — refluiu em muitos casos para os estreitos limites da vida acadêmica. O colapso do "socialismo real" e os impasses programáticos da esquerda ocidental não ajudaram o marxismo a se renovar, o que só poderia (e só poderá) ser feito através do reencontro daquilo que lhe é essencial, ou seja, a combinação entre a análise crítica da realidade e o empenho para transformá-la. Mas, ao contrário do estruturalismo, o marxismo certamente se mantém vivo. Não só continuam a ter grande influência hoje velhos autores marxistas — como, entre outros, Benjamin e Gramsci —, mas também tem crescido o número de jovens que ingressam na batalha das idéias defendendo explicitamente o marxismo. Contudo, o que conta efetivamente para assegurar a permanência do marxismo é o fato de que ele continua a ser a mais lúcida análise crítica do capitalismo: e, mais do que nunca, o capitalismo merece ser criticado.

O estruturalismo foi um significativo capítulo na história das idéias em uma específica década do século XX. O marxismo, que teve papel decisivo em muito do que aconteceu ao longo de todo o século que passou, tem tudo para se tornar uma referência obrigatória também nos debates teóricos e políticos do século XXI.

ANOS 70 - O MAL-ESTAR DA CIVILIZAÇÃO: FREUD, LACAN, WINNICOTT, FOUCAULT...

Annita Macedo*

Uma das características fundamentais de qualquer ser vivo é o instinto de vida ou pulsão de vida, o impulso inato que é o desejo de viver. Além de condições ambientais adequadas à sua espécie, o recém-chegado à vida deve encontrar também um grupo de outros seres da mesma espécie com quem possa entrar no tipo de interação inerente a essa espécie. Que a comunicação a ela restrita seja a mais eficaz não é uma hipótese arbitrária mas decorre de os órgãos emissores e receptores de sinais serem da mesma natureza em cada membro da espécie. A amplitude do suporte inicial que o grupo precisa dar a cada recém-nascido até que ele possa tornar-se autônomo varia enormemente de espécie a espécie. Em qualquer caso, porém, alcançada a autonomia, a satisfação do desejo de viver dependerá da competência que o vivente tiver não só para afrontar os perigos provenientes do meio material circundante e competir com outras espécies, como também para participar de uma relação cooperativa com os outros membros de sua espécie. Uma componente do instinto de vida, portanto, é o instinto agressivo. Outra é o instinto de pertinência à espécie, que se pode chamar de instinto gregário ou instinto social. Tais componentes podem também ter pesos relativos e absolutos altamente diferenciados ao longo das espécies. No entanto, uma vez aceitas as premissas citadas, uma conseqüência que se impõe é que a convivência entre seres de mesma espécie é uma esperada e desejada fonte de prazer.

*****

Pensam hoje alguns cientistas que o cérebro humano talvez seja a mais complexa estrutura existente no Universo. Pode ser esta mais uma visão antropocêntrica do mundo, destinada a causar, mais dia menos dia, outra ferida narcísica além das que Freud já arrolou – a Terra não é o centro do

* Graduada em Física pela UFRJ (Faculdade Nacional de Filosofia). Professora e ex-Diretora do Instituto de Física da UFRJ. Colaboradora de Matemática do Dicionário Aurélio. Psicanalista, tendo-se associado à Formação Freudiana e ao Corpo Freudiano do Rio de Janeiro. Publicou, entre outros trabalhos, "Eletromagnetismo".

Universo (Copérnico); o homem é especiação dos animais (Darwin); o homem não é sujeito do seu desejo (Freud, na formulação de Lacan). É certo, porém, que isso valha pelo menos no âmbito do planeta Terra. O tamanho físico de uma tal estrutura exigiria no nascimento do bebê uma saída correspondentemente grande caso se formasse completamente no útero materno. A solução da natureza foi um compromisso: o ser humano nasce altamente inacabado e requer um longo tempo adicional para alcançar sua autonomia básica. Em outras palavras, das características próprias que cada recém-nascido traz ao mundo, algumas estão já realizadas, como a capacidade de mamar, por exemplo, mas outras existem apenas em potencial. Parte destas, em condições medianamente normais, realizar-se-á com o mero decorrer do tempo, como é o caso da capacidade de andar, dentre outras. Mas uma parte considerável das características potenciais, das quais a capacidade de falar uma língua é típica, se efetivará ou deixará de efetivar-se em decorrência direta da relação daquele ser com os demais do seu grupo social, isto é, será decidida pela particular civilização ou cultura que o cerca. Ou seja, o ser humano é parcialmente determinado pela natureza e parcialmente construído pela cultura. As respectivas características – as inatas e as adquiridas – formam as espécies complementares de que fala Freud.

O agente direto do grupo social junto ao bebê, o porta-voz da cultura como o chama Piera Aulagnier, é a mãe, quer seja esta a mãe biológica, quer exerça ela a função materna em caráter permanente na relação com a criança. É a mãe que, incidentalmente, apresenta a criança ao mundo mas, fundamentalmente, é ela que apresenta o mundo à criança. A visão posterior que a criança virá a ter do mundo será o balanço que conseguir fazer entre a visão que lhe foi assim imprimida, com maior ou menor energia, desde quando se encontrava no estado primordial de completo desamparo, com a psique quase informe, e a que sua perspicácia inata, maior ou menor, lhe permitir adquirir ao longo do tempo, na medida em que puder cada vez mais observar o mundo por conta própria.

Observações psicanalíticas da interação bebê-mãe feitas nas décadas de 40 e 50 levaram Margaret Mahler a publicar nos anos 60 sua descrição hoje clássica do processo de individuação de uma criança. Nos dois primeiros meses de vida, aproximadamente, o bebê vive num estado primitivo de desorientação alucinatória, em que atribui a satisfação de suas necessidades a um mundo autístico onipotente que engloba a mãe como objeto indistinto desse todo em que se encontra imerso. Esta situação evolui paulatinamente para uma etapa simbiótica, locução usada metaforicamente para descrever o mundo que parece à criança consistir totalmente numa fusão delirante entre ela e a mãe, onde ainda não há fronteiras individuais porque não há ainda representações de indivíduos separados, embora o infante já perceba na mãe um objeto de satisfação das necessidades. Esta fase dura uns seis a oito meses, quando a criança ensaia levantar-se e começa os primeiros movimentos no sentido de separar-se fisicamente da mãe. Começa então a longa terceira etapa, a da individuação-separação, que, com a presença de uma "mãe suficientemente boa", no dizer de Winnicott, terminará no fim do terceiro ano de vida da criança com a constituição de um ser humano único, singular, individuado, independente. No aparelho psíquico da criança, estarão então separadas a representação dela própria e a representação da mãe. Ter-se-á chegado à chamada constância do objeto, isto é, o bom objeto está internalizado, as representações habitam em caráter permanente a psique da criança e ela não precisa mais da constante proximidade física da mãe por temer a invasão de sentimentos de solidão ou abandono.

Como nota Françoise Dolto, se a mãe tiver respeitado as características inatas do filho e lhe incentivado as representações de um mundo razoavelmente adequado ao florescimento das pulsões de vida, com três anos essa criança não mais usará a pulsão agressiva com fins destrutivos, não só em relação a ela mesma e aos demais seres vivos mas até mesmo quanto aos objetos materiais, como os brinquedos, por exemplo. Consciente e inconscientemente, ela se perceberá como um ser legitimamente singular e respeitará as diferenças entre ela e os demais indivíduos singulares. É interessante lembrarmos que, nos países socialistas, onde, para dizermos o mínimo, a psicanálise não era exatamente um saber apreciado, a licença-maternidade durava três anos, mesmo na Alemanha Oriental, com toda a sua tradição capitalista ocidental prévia.

Este apanhado sucinto e esquemático do processo de inserção social do ser humano que chega ao mundo já deixa entrever a enormidade dos riscos que corre em todos os momentos a delicadíssima construção desse ser. Passando por cima da particularidade dos fracassos que podem ocorrer na interação de cada mãe com cada filho, além, é claro, das tragédias de todos os tipos que podem advir do ambiente natural ou social exterior à díade mãe-bebê, podemos englobar todos os inumeráveis detalhes no seguinte ponto: a visão de mundo que a mãe transmite à psique do filho é – e só pode ser – a visão de mundo que existe no seu próprio aparelho psíquico. Como tanto a visão quanto a transmissão dela são em parte conscientes mas majoritariamente inconscientes, se a mãe carregar a imagem de um mundo basicamente mau, como porta-voz dele que é será esse mundo mau que ela infiltrará na psique da criança, quase sempre irremediavelmente. Assim se instala na alma de cada ser humano e se propaga por gerações consecutivas o que Freud chamou de mal-estar na civilização.

*****

Com os dados atualmente disponíveis, calcula-se que a espécie humana tenha surgido há cerca de dois milhões de anos, ainda que, em tal interregno, possam ter ocorrido algumas variações em relação às características que apresenta, pelo que se sabe, ao longo dos últimos cem mil anos. Em particular, parece também que a aquisição da linguagem se tenha dado há cerca de cem milênios. Durante a quase totalidade desse tempo, num planeta muito gelado e em grupos pequenos e esparsos, os humanos viveram diretamente dos produtos disponíveis na natureza circundante, coletando vegetais e caçando animais. Por volta de dez mil anos atrás, a terra sofreu um processo de aquecimento que foi praticamente súbito em temos do tempo geológico e ela entrou na chamada época holocena que dura até hoje. O gelo que cobria considerável parte do planeta começou a derreter-se, as avalanches se sucederam, os rios se tornaram caudalosos, o nível oceânico subiu e os mares alagaram vastas porções do que era até então terra firme. O aumento de temperatura provocou um correspondente aumento na quantidade e na extensão das chuvas, as quais, por sua vez, resultaram numa explosão de vida vegetal e animal. Dessa época de chuvas torrenciais, falam até hoje as lendas do Dilúvio Universal. Quando a situação se estabilizou, a parte terrestre engolida pelas águas tinha sido amplamente compensada, não só porque outra parte se livrara do manto de gelo, mas também porque toda a terra disponível se tornara muito mais fértil do que antes.

Com o aprendizado tecnológico paulatinamente adquirido e transmitido de geração em geração, alguns grupos sociais começaram então a plantar vegetais e criar animais, passando com isto de povos coletores-caçadores a povos agricultores-criadores. Nos casos favoráveis, este novo processo resultou numa produção de bens que excedeu as necessidades vitais do grupo e permitiu, por exemplo, a troca de produtos excedentes em uma tribo por víveres e objetos diferentes produzidos em excesso por outras tribos. Até aqui, a organização social era o que Marx chamou de comunismo primitivo, isto é, a produção e a apropriação eram sociais, cada indivíduo contribuía de acordo com suas possibilidades e consumia segundo suas necessidades. A entrada de um nascituro num mundo cooperativo como esse tinha tudo para se harmonizar à sua expectativa inata de poder satisfazer o primordial desejo de viver no seio dos seus semelhantes. Observe-se que dez mil anos constituem meio por cento de dois milhões de anos e, não menos importante, o último meio por cento do desenvolvimento filogenético. Equivale, ontogeneticamente, aos mais recentes três meses de vida de uma pessoa de cinqüenta anos, pessoa já madura, cuja estrutura psíquica está solidamente estabelecida. Não por acaso, estão vivos até hoje os variados mitos e lendas do Paraíso Perdido que aparecem nas mais diferentes culturas da Terra. É a lembrança recente e indelével do bem-estar na civilização.

Ainda que o meio físico pudesse ser paradisíaco em muitas áreas da Terra, o mundo animal que a habitava não era assim tão risonho e franco ao ser humano. Desprovido de pêlos, couro, cascos, chifres, garras, presas, asas, etc., como única vantagem sobre os outros seres vivos ele dispunha de seu cérebro privilegiado. E este então matutava sobre o mal-estar na natureza.

Quando tanto a coleta e a caça quanto a plantação e a criação resultavam, se bem-sucedidas, na comida necessária à sobrevivência coletiva, mas não em mais do que isso, ocorreria a morte do grupo inteiro se um ou outro indivíduo se apropriasse a seu bel-prazer de uma quantidade excessiva dos bens disponíveis. O mesmo não se daria se houvesse bens excedentes, é claro, pela própria definição de excedente. Então, em algum lugar e em algum momento, alguns membros mais fortes do grupo perceberam que poderiam criar para si defesas materiais mais eficientes e não resistiram à tentação de tornarem particular a riqueza excedente produzida socialmente. Como esse excesso não era exatamente uma abundância infinita, é evidente que tal apropriação não ocorreu sem o exercício de uma extrema violência, instalada necessariamente em caráter organizado e permanente, crescente com o crescimento do fluxo de valores da maioria dominada para a minoria dominante e exercida sobre todos os aspectos da vida humana. Em particular, as mulheres e crianças se tornaram propriedade dos homens, o poder se organizou sob o domínio destes e instaurou-se o patriarcado. Em diferentes lugares e ao longo do tempo, a cooperativa comunidade primitiva se foi transformando em competitivas sociedades de classes antagônicas. Das contínuas e onipresentes revoltas sangrentas desencadeadas contra a exploração, umas poucas conseguiram caracterizar-se como revoluções, causar uma descontinuidade na exponencial crescente da concentração da riqueza, desalojar do poder uma classe dominante já enfraquecida, instalar nele uma classe nova mais ampla e distribuir a riqueza de maneira mais abrangente que no regime anterior. Mas nenhuma extinguiu o próprio caráter exponencial crescente dessa concentração e a destrutiva violência inerente à exploração do homem pelo homem. O resultado é que, a par de estar a maioria da humanidade ainda tomada pelo eventual mal-estar na natureza que a aflige desde sempre, está ela toda agora mergulhada no mais profundo mal-estar também na civilização, pois a cadeia que amarra o dominado ao dominador desumaniza a ambos obrigatoriamente. A história de Caim e Abel é exemplar: já na primeira geração pós-paradisíaca, o fratricídio se instala como parábola da destrutividade humana contra seus semelhantes.

*****

Como foi possível perpetuar-se esse estado de coisas ao longo de trinta mil, quarenta mil gerações, sem que nenhuma das culturas assim envolvidas desse até agora um basta na situação? O extermínio dos índios brasileiros nos mostra a enormidade da resistência que todos os povos pejorativamente classificados de primitivos devem ter oposto à destruição do seu modo de vida – várias tribos preferiram suicidar-se a viver na escravidão que os brancos ditos civilizados lhes tentavam impor. E, no decorrer de toda a última dezena de milênios, uma parte considerável dos seres humanos lutou até à morte contra o patriarcado onde e quando ele existiu, com o resultado de ser a história da civilização o relato infindável de uma carnificina sem nome. Mas outra parte dos seres humanos se conformou e alguns deles, mais do que isso, mesmo na condição de explorados defenderam e defendem de unhas e dentes o próprio regime que os explora. Como se dá isso?

No artigo "Adestramento de um Cavalo Selvagem", Sándor Ferenczi fala de uma esplêndida égua puro-sangue do exército húngaro que era tão selvagem que, durante quatro anos e meio, ninguém pôde chegar perto dela, muito menos ferrá-la. Apareceu por essa época um domador desconhecido cuja oferta de amansar a égua foi aceita pelos oficiais já descrentes de qualquer sucesso. Pois em pouco menos de duas horas o domesticador havia subjugado e ferrado o animal. Sem nenhuma violência física. Somente alternando gritos aterradores, sussurros ternos, gestos violentos, arrulhos doces, simulação de agressões, carícias suaves e, o tempo todo, rédea curta. Os olhos do cavalo, antes cintilantes, se haviam embaçado de vez. Foi reconduzida à estrebaria completamente submissa. E não só àquele treinador específico mas a todas as demais pessoas.

Já descrevemos antes as linhas gerais da situação em que, no dizer de Donald Winnicott, "não existe essa coisa chamada bebê; existe a díade bebê-mãe". Assim, apesar de toda a inteligência privilegiada do infante humano, a porta-voz de uma cultura que exige adultos submissos pode "domá-lo" com extrema eficácia. Ao misturar em doses adequadas ameaças aterrorizantes explícitas ou implícitas (por exemplo, de retirada do amor e conseqüente abandono de um ser totalmente desamparado) com a simultânea oferta de proteção garantida contra esses mesmos perigos, a mãe consegue que o filho se agarre a ela como a única tábua de salvação disponível num naufrágio de outro modo certo. Os fracassos desse processo produzem os revoltados de todo o tipo, de marginais autocentrados a revolucionários de ampla liderança. Mas o sucesso causa na vítima a identificação com o torturador e produz a servidão humana, o comportamento do servo diante do senhor, de qualquer outro senhor, mesmo que não o opressor-salvador original. A defesa da criança assim tratada é recalcar maciçamente no inconsciente a violência sofrida, o que só faz perpetuá-la e impedir sua eventual elaboração. A amnésia posterior da vida infantil pode ser até completa, mas os efeitos do vivido permanecem atuantes e transformam a criança num adulto que propagará a violência sofrida tanto lateralmente, sobre os seus circunstantes, como longitudinalmente, sobre a geração seguinte. E assim sucessivamente.

Observe-se que a visão de mundo do adulto assim construído o transformou então num sujeito que não é senhor do seu desejo, bem ao contrário, seu desejo foi alienado em proveito dos senhores concretos ou abstratos que o mantém no cativeiro. Em essência, esta alienação que a psicanálise aborda na história pessoal do indivíduo singular é a mesma alienação que Marx aponta no comportamento desse indivíduo quando inserido no processo de produção social. Como as classes antagônicas não podem ser separadas em conjuntos disjuntos, não pode uma sociedade de classes restringir a alienação à parte dominada dela. Mesmo porque, se educados de forma adequada à sua pulsão de vida inata e orientados conseqüentemente no sentido do potencial também inato à integração cooperativa com seus semelhantes, tais seres humanos seriam inaptos a violentarem outros seres humanos. Isto é, exploradores e explorados partilham a mesma alienação.

Se o impulso fundamental do ser humano é satisfazer seu desejo de viver, então a tarefa da humanidade deve ser recuperar, para todos os indivíduos, o bem-estar na cultura que se começou a perder há dez mil anos e propiciar, a todos os indivíduos, o bem-estar na natureza de que só uma pequena parte pôde desfrutar nos dois milhões de existência da espécie.

*****

Em relação ao particular aspecto da interação de seres humanos que reconhecem a singularidade de cada um e cooperam com o diferente que, em conseqüência, existe no outro, dão os anos 70 um triste contra-exemplo com o término do desmonte da Faculdade Nacional de Filosofia, aniquilação que começara já no meio da década anterior.

Destinada a formar professores e pesquisadores, a Faculdade Nacional de Filosofia abrangia departamentos que ministravam os cursos de Filosofia, Matemática, Física, Química, Astronomia, Meteorologia, História Natural, Geografia, História, Ciências Sociais, Letras Clássicas, Letras Neolatinas, Letras Anglo-Germânicas, Jornalismo, Desenho, Pedagogia, para a média de uma centena de alunos cada um. Toda essa gente, mais os professores e funcionários, habitava um prédio único e não muito grande, o que havia sido a Embaixada Italiana e que é hoje a Casa da Itália. Essa proximidade física era um deslumbramento para seus participantes. Como o ser humano só aprende por comparação e a diversidade cultural fervilhava, a contribuição de cada um favorecia uma visão conjunta multifacética que só podia dar no que deu: um discurso político e ideológico progressista que inquietava uma sociedade em boa parte dominada por resquícios escravistas e semifeudais caducos mas ainda vivos no controle do poder.

Com o recrudescimento desse controle que a vitória do golpe militar assegurou, a Faculdade foi vítima certa: ela foi simplesmente extinta. Como um dos projetos da camada então governante era a modernização tecnológica do País, os cursos que a compunham não podiam ser extintos. Foram isolados uns dos outros; quando possível, absorvidos por Escolas já existentes com cujo conteúdo disciplinar tivessem estreita ligação; quando impossível, mantidos em pequenos agrupamentos de máxima homogeneidade. O objetivo foi impedir a interdisciplinaridade, a interação cooperativa de trabalhadores intelectuais cujas visões variadas concorressem para uma cultura independente e aberta para o novo. Em suma, tratou a ditadura de restringir os conhecimentos de cada pessoa ao setor específico em que trabalhasse e, em conseqüência, mantê-la na alienação do funcionamento global da sociedade de exploração do homem pelo homem.

Referências Bibliográficas

AULAGNIER, P. *La Violence de l'Interpretation*. Paris: P.U.F., 1975.

DOLTO, F. *A Imagem Inconsciente do Corpo*. São Paulo: Perspectiva, 1984.

FERENCZI, S. *Adestramento de um Cavalo Selvagem – Obras Completas*, vol. II – São Paulo: Martins Fontes, 1992 (1913).

FREUD, S. *O Mal-Estar na Civilização – Obras Completas*, vol. XXI. Rio de Janeiro: Imago, 1969 (1930).

MAHLER, M. *On Human Symbiosis and the Vicissitudes of Indivituation*. Madison: Int. Univ. Press, 1968.

MARX, K. *Le Capital*. Paris: Costes, 1924 (séc. XIX).

MÉSZÁROS, I. *Para Além do Capital*. São Paulo: Boitempo, 2002 (1995).

WINNICOTT, D. *Playing and Reality*. Londres: Tavistock, 1971.

DO MAL-ESTAR À CRISE DA CIVILIZAÇÃO

Manoel Barros da Motta*

Quando Freud estendeu a leitura dos sintomas contemporâneos para além do sujeito individual e analisou a civilização contemporânea, seu diagnóstico foi o de um mal-estar.

Lacan desde o início de seu trabalho, quando analisa a família contemporânea, situa como uma das características da nossa época o declínio da função paterna. Por outro lado, ele denuncia a emergência de uma ideologia psicológica que acompanha a ascensão do capitalismo americano como hostil à ação da psicanálise.

Esta ideologia vai triunfar inclusive na comunidade analítica com a ego-psychology que, com Hartmann, Kriss e Lowenstein, leva a apagar o que de revolucionário possuía a obra freudiana nas suas dimensões epistêmicas e clínicas.

Lacan formulou no "Avesso da psicanálise" uma nova leitura do "Mal-estar na civilização". Ele já realizara o que Jacques-Alain Miller chamou no seu curso "o desencanto da psicanálise", uma nova versão do Mal-estar em seu seminário da ética da psicanálise. É possível assim, da década de sessenta à década de setenta, ter uma medida do deslocamento operado por Lacan. Algo surge aí de novo e ele diz respeito às novas relações do sujeito e do gozo.

Na "Ética da psicanálise" (pp. 350 e 351 da edição francesa), dizia Lacan: "o movimento no qual é arrastado o mundo em que vivemos implica uma amputação, sacrifícios, a saber este estilo de puritanismo na relação com o desejo que se instalou historicamente".

Assim, em 1960, o movimento do capitalismo – que atualmente em escala global parece não ter oposto – era ordenado por uma ética puritana, por uma prática puritana. Trata-se evidentemente de uma referência a Max Weber, que ligava a emergência do capitalismo a uma repressão do gozo, em que a prática da acumulação supunha não gozar.

O que vai aparecer então na variação que Lacan estabelece do tema de Freud, em sua reelaboração, no Seminário "O Avesso da psicanálise" ditado nos anos setenta, é o caráter ultrapassado, do diagnóstico sobre o movimento do mun-

* Professor de Filosofia da Ciência e de Ciência Política da UFRRJ; membro do Conselho da Seção Rio da Escola Brasileira de Psicanálise; do Instituto de Clínica Psicanalítica do Rio de Janeiro; e da Associação Mundial de Psicanálise. Editor dos "Ditos e Escritos" de Michel Foucault, organizador da coletânea "Clínica Lacaniana", co-diretor da coleção "Campo Teórico" e autor de "O desejo é o diabo".

do, como marcado pelo estilo puritano. Agora pelo contrário, a novidade, o que marca o estilo novo, é a permissividade, e o que é difícil é interditar, ou o que uma versão nacional, a de Caetano, chamou "é proibido proibir".

Trata-se de um movimento pelo qual o capitalismo separou-se do puritanismo. O que Lacan formulou de forma bastante enfática no capítulo final com o enunciado: "não há mais vergonha". Qual é então o estatuto da psicanálise quando não há mais vergonha, quando é o próprio movimento da civilização que tende a dissolver a vergonha?

No mundo atualmente globalizado, a "ética" do capitalismo triunfou em toda parte e ameaça destruir a ação da psicanálise, seja com as psicoterapias de massa ou mesmo, como no Brasil, com pastores vestidos de terapeutas.

Atualmente podemos dizer que a Cidade, a *pólis*, desapareceu, como lugar de iguais com direitos que supõem a exclusão de muitos, mas também há um processo ao qual temos, entre nós, de estar extremamente atentos. Que fenômeno é este? Trata-se de que o próprio Estado-nação está abalado, é questionado, enfraquecido e há mesmo os que profetizam sua desaparição. E assim a psicanálise mesmo tem que ser vista no quadro da globalização. A orientação lacaniana se inscreve neste movimento que leva em conta sua ancoragem nas línguas e nos países. Assim temos uma Escola Brasileira mas a responsabilidade do psicanalista Lacan a coloca no mundo e temos assim a AMP, a Associação Mundial de Psicanálise, cujo âmbito, instância, se fôssemos descrevê-la, tomaria toda uma conferência. Mesmo que o conceito de globalização seja insuficiente, fornece uma referência mais precisa que o de Cidade ou *pólis*. Este espaço é aquele em que nada está no seu lugar, em que houve para o mitsein um desenraizamento completo, produzido nas massas que são levadas por este processo. Não há apenas decadência das hierarquias, hoje não há mesmo a idéia de lugares, esta mesma desapareceu, há uma perda completa de referências. E neste sentido a idéia mesmo de falta, mola do desejo, desaparece, a própria idéia de falta parece superada, ultrapassada.

Uma piada de Lacan explica um aspecto importante de nosso estado. Lacan, depois de ler a biografia da rainha Vitória e do príncipe Alberto, seu marido, feita por Litton Stracchey, disse que sem a rainha Vitória Freud não teria existido, que Freud era o resultado histórico da rainha Vitória, que esta era a causa de Freud, do ponto de vista histórico. Era uma piada mas com um fundo de verdade, isto é, a psicanálise estava ligada no seu nascimento à sociedade moralista, disciplinar. A sociedade para a qual a rainha Vitória é um emblema, um brasão, trazia em si proibições fortes, interditos severos, exasperados, principalmente no domínio da sexualidade, uma censura no que concerne à sexualidade.

É claro que na época vitoriana a transgressão existia, e existia como formas de violação do interdito. Deste modo as proibições tinham seu lugar. Basta pensar hoje na banalização de espetáculos sexuais, na exposição do que seria íntimo via formas de *big brother* até filme pornográfico ou livros que narram aventuras sexuais. E se além da rainha Vitória existiu Catarina II da Rússia, hoje quem triunfa são experiências ou obras como as de Catherine Millet, que, aliás, descreveu algumas experiências no Brasil. Todos os conceitos de Freud estão marcados pela época da disciplina dominante; e não foi por acaso que Michel Foucault criticou a hipótese repressiva e a substituiu por um dispositivo de sexualidade para situar a emergência dos discursos sobre o sexo e mesmo o hino franciscano, dizia ele, sobre a liberação sexual. Distanciando-se da leitura da sexualidade no capitalismo associado à repressão, Michel Foucault com uma fórmula irônica, "nós outros vitorianos", abre sua história da sexualidade.

Mas na obra de Freud os conceitos de interdição, o recalque, a repressão, a função da censura têm um papel fundamental. E mesmo a obra de Freud e de Marx pode ser acoplada graças a esta dupla dependência ao dispositivo da disciplina, o que produziu o freudo-marxismo, cuja forma mais fulgurante era a obra de Marcuse ou produziu ainda a contestação de que participamos, porque nós, lacanianos de hoje que lemos Lacan a partir dos anos sessenta, somos desta geração – a chamada geração de 68.

É Jacques-Alain Miller que nos diz que a época lacaniana da psicanálise foi descrita por Michael Hardt e Antonio Negri no seu livro "Império". Eles descrevem este momento da contemporaneidade de que estamos tratando, o período de crise dos anos 60 e 70, como uma fase em que "a expansão da proteção social e a universalização da disciplina, ao mesmo tempo nos países dominantes e nos países subordinados, criaram uma nova margem de liberdade para a multidão laboriosa". Em outras palavras, os trabalhadores utilizaram a era disciplinar a fim de estender os poderes sociais do trabalho, aumentar o valor da mão-de-obra, etc (pg. 333 da edição brasileira de "Império").

O conceito de libertação se deve, dizem eles, às lutas de libertação, de resistência à dominação, às formas disciplinares da dominação. A etapa atual que chamam império não procede mais pela disciplina, não procede pelo interdito e pela repressão, e, podemos concluir, tem como resultado tornar problemática a idéia de liberação ou de revolução. Estas idéias advinham menos de Foucault do que de uma leitura de Lacan feita por Deleuze e Guattari no seu antiédipo.

Lacan assim pensou primeiro a psicanálise na época disciplinar, mas antecipou, e isto é que é importante, fundamental, a psicanálise nesta época chamada imperial.

Segundo J-A Miller, três momentos, três etapas podem ser citadas. O primeiro Lacan, o Lacan da primeira época, da época disciplinar, o Lacan da chamada primeira clínica, formalizou o inconsciente, e, a partir do algoritmo saussuriano do signo, deu uma estrutura formal unificante ao Édipo, ao mecanismo da castração e ao recalque, através da elaboração do conceito de Nome-do-Pai, da metáfora paterna. Formalizou também a libido com os conceitos de desejo e de metonímia. Esta formalização possui um enunciado fundamental, que era: o inconsciente é estruturado como uma linguagem. Este Lacan é o Lacan conhecido como clássico, de que alguns textos capitais são o "Discurso de Roma", e o ensaio sobre a "Letra Freudiana" ou "A razão a partir de Freud", assim como a coisa freudiana é uma questão preliminar a todo tratamento da psicose. Todos estes artigos estão presentes nos *Escritos* e são da década de cinqüenta.Trata-se de uma versão formalizada de Freud, que, aliás, foi acompanhada pela proposta de um retorno a Freud, ao *tranchant* da descoberta freudiana, ao que Lacan chamou seu diamante de subversão.

Há em seguida uma segunda fase que Jacques-Alain Miller considera como de transição, em que há uma subversão de Freud. Se há uma função disciplinar estratégica, central, decisiva, esta é a instância paterna, é o Nome-do-Pai. No Brasil vemos na atualidade até reuniões de multidões que se fazem em Nome-do-Pai, em torno deste significante religioso. Lacan considerou que Freud introduziu o Nome-do-Pai para a consideração científica. Mas esta forma foi bem percebida em sua função decisiva pelas religiões, que aliás sempre se sentiram um pouco guardiãs da função simbólica.

Lacan subverte então o Nome-do-Pai por uma pluralização – ele fala dos Nomes-do-Pai no plural. Há também um deslocamento, porque a operação do recalcamento não é mais atribuída à interdição paterna, à ação do pai, mas à própria ação da linguagem.

Lacan introduz ainda uma reviravolta mais decisiva para o problema que nos interessa, na medida em que ele subverte o conceito de desejo pelo de gozo. O conceito de gozo vai adquirir um papel central, estratégico, decisivo na conceptualidade lacaniana. Agora, ao invés de ressaltar a falta, ele vai enfatizar o que preenche a falta.

É neste contexto que Lacan introduz seu conceito de objeto, objeto pequeno a, que permanece de qualquer forma ligado ao conceito de falta. Importa, no entanto, mais o que vem preencher a falta.

E por fim há o terceiro Lacan ou o último Lacan, cuja elaboração cobre a década de 70 e é a mesma em que Michel Foucault publicou "Vigiar e punir", e construiu o conceito de sociedade disciplinar, de que pude ouvir em Paris, no seminário *De 'insu qui sait de l'une bevue qui s'aile a mourre* na faculdade de direito perto do Pantheon, onde mais tarde, quando estávamos criando a escola brasileira, participamos, com nossos colegas lacanianos do mundo inteiro, de uma festa, já no quadro da Associação Mundial de Psicanálise. Isto se produziu no mesmo momento em que a Europa se unificava - com Schengen e Maastrich - e criava-se também a Escola Européia de Psicanálise. Pois bem, na praça do Pantheon, num telão, víamos um dos jogos vitoriosos finais do Brasil na Copa de 94.

Mas do ponto de vista teórico, epistêmico, o conceito fundamental desta fase característica da elaboração de Lacan nos anos setenta é o de gozo - mas gozo na medida em que ele não tem contrário.

Antes desta nova definição e formalização, o conceito de gozo estava em tensão, com o significante, recalcante, mortífero. Do ponto de vista do significante, dizia-se que o sujeito estava morto e o gozo interdito a quem fala. Agora, a fala mesmo torna-se aparelho de gozo.

Nesta nova fase do ensino e da orientação de Lacan, o significante é um operador de gozo. Na psicanálise tínhamos aprendido a opor o gozo ao prazer. E mesmo na estratégia proposta por Michel Foucault na sua *História da sexualidade*, a resposta ao sexo concebido como repressão era o prazer.

Na nova formalização de Lacan, não existe esta oposição prazer-gozo, ela diminuiu, dissolve-se. Este par não desaparece, mas o prazer torna-se na verdade um regime de gozo.

Na verdade, nesta última fase os conceitos que foram herdados da lingüística estrutural vão ceder lugar a um novo *organon*, que tem ainda uma base freudiana que fora deixada de lado pela leitura estruturalista inicial, que era o conceito de pulsão.

Lacan pensa agora ao nível da pulsão nesta sua última fase. A pulsão, diferentemente do desejo, não está articulada a uma defesa.

Lacan a resumiu numa fórmula, num de seus aforismos: o sujeito é feliz. Ou o sujeito está sempre feliz. Ao nível da pulsão o sujeito está sempre feliz. A pulsão é uma função que sempre se satisfaz. A única questão que existe é que ela fique satisfeita. É um axioma: a pulsão sempre se satisfaz - de forma direta, dolorosa, sádica, masoquista, econômica, agradável. De qualquer forma ela sempre se satisfaz.

Esta tese corresponde à saída da época disciplinar que se organizara a partir do interdito e da transgressão. Agora há arranjos, modos de gozo. Agora não há mais exterior. Não se sonha mais fora. A época é então ocupada por isto. Vai ser o que vai levar a falar de pensamento único. Mas há vários pensamentos. Evoca-se também este processo de que tratamos, o do avanço do *hegemon* americano. Mas há espaços que escapam a este processo totalizante ou totalitário. Mas nesta etapa, o sentimento que aparece é o de que não há mais exterior, só há questões de arranjos, de percurso e regimes de gozo.

Lacan formulou isto através de sua teoria do "nó borromeano" – que surge como uma forma de situar-se fora do regime da oposição binária e do sistema disciplinar que este esquema supõe.

A sociedade disciplinar supõe a saída do regime do poder repressivo em que a vigilância se opõe à repressão. De qualquer forma os sujeitos, os assujeitados, estão numa relação de exterioridade com os aparelhos e dispositivos que os dominam. Nesta relação há, supõe-se, uma oposição às formas de dominação, e o poder supõe sempre a resistência, porque não tem nenhum ponto em que não se manifeste. Os aparelhos em que se apóia o poder disciplinar são a prisão, a usina, o asilo, o hospital, a escola. Este regime disciplinar, Foucault o faz nascer no antigo regime, mas ele é constitutivo das relações de poder do capitalismo. Foucault pensava as relações de poder como imanentes ao campo social. Mas um elemento do mecanismo, as formas de subjetivação, faltava à sua análise. Este regime externo podia valer para um período antigo, que estava em vias de mudar. Agora os mecanismos de dominação eram interiorizados, e a sociedade capitalista, que se orientava para uma sociedade de comunicação ou informação e de consumo, difundia de maneira mais plástica, móvel, fugidia a dominação que não podia se encarnar mais em certas figuras isoladas.

São então certas formas de redes – aqui o próprio Fernando Henrique Cardoso fez um prefácio para a obra de Manuel Castells, "A sociedade das redes" – redes moduláveis, flutuantes, em que o domínio não é mais exterior. É o que Negri chama de alienação autônoma – não é mais uma dominação terna e é ao mesmo tempo problemático dizer externa. Para defini-la, Jacques-Alain Miller propõe um termo que recorre ao conceito lacaniano de extimo, chamando-a de dominação "extima".

Como fica o tratamento analítico na época da globalização?

Os três tempos do ensino de Lacan se encontram também na prática e na direção do tratamento.

Na primeira fase o tratamento analítico era concebido como uma cura que devia ser distinguida do tratamento médico. A cura era ordenada tendo em vista um ideal de maturidade e uma norma da personalidade: Lacan chegava a falar de uma realização efetiva do Édipo e da castração. Mesmo quando Lacan fala de desidentificação fálica, supõe que há um ideal e uma norma operando.

O que é discutido é exatamente isto, o que é formulado não se trata de um ideal, não se trata de uma norma. O que quer dizer é que há um ideal e uma norma que contestam a si mesmos, que há uma recusa mas que a norma e o ideal insistem.

Há em seguida um momento segundo, em que se realiza uma total desmedicalização da cura: a análise é então entendida como uma experiência e não mais como um tratamento: o lugar de uma mutação subjetiva, de mudança fundamental. Lacan insistiu sobre o aspecto da experiência do tratamento. Foi o lado médico do tratamento que fez com que a análise fosse submergida pelas psicoterapias nos EUA. Lacan ressaltou o aspecto da experiência da mutação subjetiva na análise, e insistiu na produção de um novo sujeito, de uma subjetividade nova. Isto se cristalizou, se formalizou, tomou formas institucionais com o dispositivo do passe pensado como uma forma de transgressão. A forma como esta transgressão, esta passagem, se dá é a travessia do fantasma em que a modalidade de gozo do sujeito, este alcança um meio de ir além de um certo limite.

A terceira fase é a que corresponde à época da globalização, e que aponta nos "Outros Escritos", e que concerne ao passe como uma história que se inscreve num conjunto de matemas, como uma histeria. Estes passes foram expostos em encontros internacionais, em congressos com milhares de pessoas. Eu mesmo assisti a estas apresentações em Buenos Aires duas vezes, Bruxelas, Paris Barcelona. Mas o passe nesta última perspectiva encontra-se desprovido do *pathos* associado a transcendência, ao além, a ultrapassagem. Trata-se de dar conta numa escala mais simples de mudanças de regime de gozo que se obtém graças a ação da psicanálise O fim da análise diz respeito agora à pulsão e, como dissemos, a satisfação pulsional não tem contrário. Trata-se da passagem de um regime de funcionamento a um outro.

É o regime atual da globalização, pelo qual, como no paganismo antigo em Roma, no Pantheon todos os deuses eram integrados: você tem um templo de Mitra ao lado do de Vesta e um pouco adiante uma Igreja católica e um pouco adiante um templo budista. Bem no sistema antigo havia o culto imperial que todos deveriam aceitar e depois a igreja encarregou-se de colocar um templo ou uma cruz onde havia uma herma. Retorna-se a este regime politeísta dos gozos. É um exemplo, aliás, que dá Freud: você no inconsciente não joga no esquecimento, no lixo, o momento anterior. O que se obtém agora são mudanças no regime dos gozos.

Uma tese marca esta fase que fez muito barulho, o famoso "não há relação sexual", que deve ser entendido que não existe proporção entre os sexos.

Era esta norma a de uma possível norma na relação entre os sexos que regulava a psicanálise até então, a norma da relação sexual. A época da disciplina, o modelo vitoriano da sexualidade de que Freud veio dar uma saída seria o há relação, proporção, adaptação ao meio, a sociedade ao grande outro. Agora não há relação sexual, agora só há gozo, esta é a marca da era da globalização na qual entramos já há um bom tempo.

Neste período os direitos do gozo, as singularidades não inteiramente segundo o padrão da norma, passam a ser incluídos nos direitos do homem. O gozo vai entrar no direito. Há então o domínio do sintoma, do *sinthome* que Lacan lhe deu, sintoma que não tem contrário, e que antigamente tinha como contrário a cura. Agora o sujeito parece condenado a este sintoma, falando segundo o modelo do poder repressivo ou do poder ainda disciplinar, da norma da normalização, é o gozo que experimentado de forma necessária como sintoma, pelo sujeito ou pelo *falasser*, ou pelo ser vivo falante. Esta fase aparece no setor dominante do império nos EUA como uma época em que a psicanálise parece desencantada, e surgem psicoterapias de massa de todos os lados. Ou ainda com o ressurgimento de Deus, como uma tendência a fazer com que ele de novo exista. No século XIX, Raskolnikov, o personagem de Dostoievski, experimentava "o tudo é possível" se Deus não existe. Nietzsche anunciava a morte de Deus, ou que Deus está desde sempre morto, e Marx via nas formas religiosas uma forma de ópio, de ilusão ou o que ele chamou de um mundo sem coração. A emergência da civilização científica numa outra leitura apresentava a emergência da saúde como um substituto da salvação. Hoje Deus ameaça *ek-xistir* de novo no sentido heideggeriano. Há um retorno do religioso que Lacan anunciou em televisão. Este retorno se faz também sob a modalidade dos que rezando conduzem os aviões para as torres.

Estar à altura da subjetividade de sua época é um dos desafios que devem afrontar os analistas. Foi o que escreveu Lacan em 1953 no seu "Discurso de Roma:" "a psicanálise tem um papel a desempenhar na direção da subjetividade moderna e ela não poderá sustentá-lo sem ordená-lo ao movimento que na ciência o elucida". No momento atual, em que o contexto mudou radicalmente, o quadro com que nos defrontamos não é mais apenas o de um mal-estar – mesmo se pensamos que este é de estrutura e depende da relação do sujeito humano com a linguagem. A direção da subjetividade de que se trata hoje não é apenas a moderna, mas a contemporânea, isto é, a que depois de Lyotard e outros chamamos pós-modernas, contemporânea, pois é desta que Lacan antecipa os problemas na década de setenta. Lacan via em Freud o pressentimento desta época e chegou mesmo a pensar que a psicanálise poderia entregar as armas, render-se diante do mal-estar, do avanço das psicoterapias de massa, das produções do discurso científico, de toda forma de drogas produzidas. Aliás, o desaparecimento da psicanálise é algo de que o "Time" fala nos Estados Unidos, da morte de Deus à morte da psicanálise. A subjetividade contemporânea está cativada, arrastada, submergida por um número e efeitos crescentes do discurso da ciência, *latusas*, *gadgets*, semblantes, aparências, produzidos num ritmo crescente, segundo um ritmo de reação em cadeia. É desta forma que a natureza aparece num quadro, a la Rousseau, nostálgico, romântico; e a ela propõe-se um futuro de proteção, de jardim conservado. O espaço social de hoje é um quadro onde as figuras dominantes são o museu ou o zoológico humanos, antigo estilo, espaço fechado, cuja realização última são os *reality shows*, a universalização dos espetáculos de *Big Brother*.

Trata-se assim na orientação lacaniana de seguir os traços de uma série de sintomas, isto é, de fazer uma leitura dos sintomas da subjetividade moderna com relação ao que Lacan chama grande Outro, leitura que não se orienta pela sociologia, mas pelos conceitos da clínica e da ética analíticas.

Uma das grandes diferenças entre o momento em que Lacan define a subjetividade moderna e o sujeito contemporâneo, ou o que ele vai chamar de *falasser*, de ser habitado pela linguagem mas articulado a um corpo, no que é a sua concepção nos anos setenta e que aparece de forma marcada em seu seminário "Mais ainda", *Encore é a emergência*, a presença da questão feminina. A formulação lacaniana do não todo, da modalidade feminina do gozo, de um gozo para além do falo, pode ser tomada como centro irradiador dos fenômenos da civilização contemporânea. Ou, em outros termos, certos sintomas da civilização contemporânea podem obter uma ordenação se levamos em conta este fato central.

Em 1967 lança sua proposição sobre o psicanalista da Escola, onde algumas considerações importantes sobre o nosso presente são formuladas. Lacan falava de nosso futuro de mercados comuns e dizia que os mercados comuns podem constituir uma forma de segregação. Diz Lacan que os mercados comuns encontrarão sua balança, seu contrapeso numa extensão mais dura dos processos de segregação. Lacan atribui uma causa a isto, a ciência, o discurso da ciência, a invenção tecnológica na medida em que ela tem o poder de remanejar os grupos sociais e aí introduzir a universalização.

O que Lacan chama grupo social é uma coletividade particular – particular oposta aqui a universal, distinta de outras do mesmo tipo ou modelo. Uma tribo é o paradigma disto, as tribos se transformam no povo e este na humanidade. É o que Lacan anunciava, que a particularidade assim dissolvida de seu laço natural, de seu laço tribal natural, se podemos dizer, ela tendia a se reconstituir no seio do universal, sob a forma da segregação e de segregações múltiplas. É o que se chama o império das tribos, não apenas da aldeia global. Alguns autores que se opuseram à revolução francesa diziam: nunca encontrei um homem, no sentido da declaração universal, mas apenas franceses, russo, encontrei um inglês, não encontrei um homem.

Lacan afirmou, ou não temeu dizer, que a crítica da razão pura era, na ética, o efeito, a marca do discurso de Newton. A declaração dos direitos do homem revela a ascensão do poder universalizante do discurso da ciência. Esta declaração tem duas faces. Defesa contra este poder dissolvente, já que se afirma em nome da natureza humana. E por outro lado, ela traduz esta universalização isenta de todo particularismo. O homem é o sujeito puro, dotado de consciência no sentido kantiano, sem nenhuma incidência concreta. É uma espécie de absoluto jurídico fundado na natureza. Este humanismo que nasce aqui nada tem mais a ver com o humanismo renascentista, seu caráter é defensivo. O sujeito que ele produz Lacan o figura com o $ (leia-se s barrado), o sujeito da ciência, totalmente vazio. É o real que aí vai ser apreendido e apreendido em pedaços, em fragmentos. Este $ traduz, também, em termos de Lacan, a dissolução das identidades. É o que a identificação traduz, não é a unidade de uma substância, mas como que camisas, roupas que o sujeito veste e tira, são semblantes, aparência. Isto produz a nostalgia romântica, a valorização de Montaigne de um certo relativismo e mesmo uma forma contemporânea de nostalgia, que é o ativismo ecológico.

Em televisão interrogado sobre o futuro do racismo, Lacan falava do tempo do "chacun chez soi". Isto se traduzia na França e só foi ganhando peso depois com as fórmulas da França para os franceses. Então se observa que este cada um na sua casa ficou impossível. Com as deslocalizações, deslocamentos que impõem sua presença. A voz que fala que isto é impossível é a do liberalismo econômico, uma voz, aliás, pseudo universal, fala pelo universal, e que é a voz do capitalismo, a voz doutrinária do capitalismo e que Lacan figurou com os mercados comuns: aqui a fórmula é esta da Alca, mas aquilo de que falam é do singular do mercado global, do mercado. A produção de objetos é feita em escala planetária, há dias para o lançamento de um novo processador p com 3 gigahertz, um novo *plaket pc*, comer Mc Donald's, mesmo que este tenha uma carne adaptada no Rio Grande do Sul. Pense global e coma local. As tábuas da lei deste universal dos mercados comuns, o discurso revolucionário que substitui os direitos do homem, foi o direito dos mercados, esta é a revolução. O que eles pregam não é apenas a abertura dos mercados e o fim das barreiras aduaneiras, é a extinção da propriedade nacional das empresas. Trata-se então da livre circulação das pessoas, dos bens, e também dos significantes. E assim a proteção nacional, o protecionismo dos mercados parece um pouco absurdo. Vê-se entre nós na invasão dos shoppings, etc.

Freud se apoiou na sua obra e na sua prática na estrutura da *massenpsychologie*. Ao mesmo tempo que a psicanálise nasceu na capital de um império, o império multicultural, Lacan o lembrava nos seus complexos familiares, "o sublime acaso do gênio não explica sozinho que seja em Viena, então um estado que era o *melting pot* das formas familiares mais evoluídas, dos últimos grupos agnáticos dos camponeses eslavos, as formas mais reduzidas do lar pequeno burguês e as formas mais decadentes do *ménage* instável passando pelos paternalismos feudais e mercantis, o sublime acaso do gênio não explica apenas que seja em Viena que um filho do patriarcado judeu tenha imaginado o complexo de Édipo". Notem o acento, a ênfase colocada por Lacan no caráter de ficção do complexo de Édipo, isto e partindo do que era múltiplo ele imaginou uma redução a uma estrutura única de referência. É aí que Lacan opera para mostrar que o complexo de Édipo é formalmente homólogo à *massenpsychologie* e é o que ele encarna na sua obra "Totem e tabu" sob a forma de um mito pré-histórico. O que Freud elaborou sob a forma do mito, Lacan o reelabora em termos de estrutura, distinguindo Édipo e castração. Lacan formula que o gozo é sempre submetido a castração, por algum acidente faz com que esta castração se torne efetiva.

Há então duas maneiras de situar o gozo. Há a que foi privilegiada por Freud. É a que consiste em erigir o agente da castração. A segunda é o investimento do resto, do que Lacan chamou mais de gozar, numa forma que ele retirou e transformou a partir de Marx. É o que ele diz em televisão: nosso gozo só se situa a partir do mais de gozar. Nosso gozo quer dizer o gozo contemporâneo. Então aquilo que Freud marcou o agente da castração figurado pelo pai não funciona mais, o agente da castração, a fórmula freudiana não opera mais. Há assim dois vetores, o do agente da castração e o do mais de gozar. E a tese de Lacan é que na época contemporânea há um privilégio do mais de gozar e é aí que se situa o gozo contemporâneo. O efeito disto é o fim dos culpados. Era o tempo em que se prendiam os reis, cortava-se a cabeça dos soberanos, como fizeram os ingleses com Carlos I na Inglaterra e a verdadeira torrente que acompanhou a revolução francesa, e aliás os direitos humanos entraram em cena com as guerras da revolução e do império com Napoleão. Os anarquistas procuravam os culpados com seus atentados, tsares (Alexandre II), reis, rainhas (Sissi), presidentes da república. Depois os culpados eram os judeus: o resultado foi ainda mais sinistro, campos de concentração. Os culpados se não se encontram, a corrupção universal, os culpados estão em toda parte. E a revolução, o tema da revolução, parece também um tema que decaiu.

Mas, em que isto interessa a psicanálise? Esta não pode advogar ou praticar a política do avestruz. Em 1953, Lacan dizia no discurso de Roma: "nos deparamos com escravos que acreditam ser senhores, e que se encontram numa linguagem de missão universal os tentáculos de sua servidão com os laços de sua ambigüidade". Em 1953, os sujeitos acreditam agir como senhores, mestres embaraçados com a idéia da universalidade, que pensam agir em nome de significantes mestres, liberdade, razão. Hoje a identificação maior que é proposta não é a do cidadão, do revolucionário, é a identificação ao consumidor, e que por outro lado se deve satisfazer o consumidor, consumidor de uma nova geração de celulares, de segunda e já existe uma terceira como os processadores que se sabe que em um ano estarão obsoletos. Satisfazer o consumidor não é o significante mestre que situa o gozo, o gozo é situado na vertente do mais de gozar que tampona a castração. Você tem direito de gozar mesmo que isto não sirva para nada, comprar novos telefones, com imagens, internet, mesmo que as ligações não funcionem, não serve agora, mas vão servir mais tarde, o que explica os milhões de queixas, também. É preciso produzir uma necessidade, mesmo se não for útil, o que importa é produzir uma falta-a ter. E Lacan tirou uma conseqüência desta dissolução que produz a dissolução do grande outro, do outro como acordo, o analista não pode mais ocupar o lugar do grande outro mas deste objeto *a* (leia-se objeto pequeno a), deste objeto pequeno a mais de gozar... O que vem no lugar do Outro, que não existe, é o discurso como laço social, discurso que se refere a comunidade, a formas de vida, que são formas de gozo. O declínio do ideal tem como efeito a promoção do mais de gozar, o pequeno *a* ganha peso se ganha de grade I do ideal. Quando o modo transindividual de gozo está animado pela castração, e isto no sentido analítico não se refere apenas aos indivíduos, mas ao laço social, o efeito maior sob o gozo é a castração. Com a promoção da castração, é o *moins phi* na linguagem lacaniana. Este modo de gozo está no princípio das morais, sejam laicas ou religiosas, morais da austeridade, da abnegação do sacrifício. E o escândalo que um cineasta formulou no "Matou a família e foi ao cinema" e outras cenas, matou os pais e deu uma festa. São discursos que têm como finalidade refrear o gozo, e que de maneiras diversas sancionam suas transgressões. A obsolescência dos ideais é acompanhada pela obsolescência do ideal que sustenta toda injunção ao sacrifício. A emergência da psicanálise como fenômeno histórico está inscrita no movimento mesmo desta mudança epocal, para usar um termo de Heidegger, e ela mesma foi criticada por arruinar este ideal, o valor deste ideal.

O ideal Freud o isolou como uma instância do Ich, do ego, designando a ilusão, a ilusão do ideal, no seu livro "O futuro de uma ilusão", que visava especialmente a religião e as morais. É uma obra que se inscreve no espírito da "Äufklarung", Freud aí se situa como continuar das luzes revelando por trás da ilusão do ideal a presença da libido. A psicanálise está assim inscrita nesta mudança de época, mais do que pelo conceito de inconsciente, pelo conceito de pulsão, pelos conceitos que distinguem a pulsão do instinto e da necessidade.

Se o instinto e a necessidade se inscrevem em circuitos fechados que são naturais, deixam a cultura, os fenômenos da cultura fora de seu domínio. O que diz respeito à história e à cultura diz respeito então a uma outra dimensão que se tem que entender com outros métodos e outros conceitos. A pulsão freudiana é essencialmente plástica, transforma-se, desloca-se, transforma-se como Proteu. A pulsão é sujeita a metáforas e metonímias e age ali onde os instintos e necessidades não operam.Ela pode ser descoberta onde há sublimação e idealização, isto é, onde surgem as dimensões estéticas e éticas. É por aí que a psicanálise entra no domínio da cultura. Foi o que levou Freud a dizer que na civilização havia um mal-estar. O mal-estar na civilização pode ser tomado como um manifesto contra as morais da castração do gozo, contra as éticas da renúncia pulsional. Foi o que Lacan tornou claro quando fez da rainha Vitória, como dissemos, um antecedente necessário de Freud. A moral vitoriana como condição da emergência da psicanálise. Moral vitoriana, que pode ser caracterizada como uma moral rigorista do trabalho, da frugalidade e da abstinência sexual, que se espalhou principalmente na época e da revolução industrial. Mas, no entanto, esta ética vitoriana aparece apenas como uma ressurgência da ética da castração no curso da história. Era na verdade uma barreira franca, rapidamente ultrapassada. Há o que Lacan chama as profundezas do gozo, o movimento que a acompanhava, na revolução industrial. Há a ética do trabalho, mas há uma produção ampliada de mercadorias, de novos produtos que são oferecidos, e não apenas a ética da frugalidade. E isto ia longe: há até a piada de que por aqui os ingleses com a abertura dos portos, nos exportavam esquis, onde não havia neve. O impulso ao consumo vem de longe.

A partir de Lacan – e seus leitores como Jacques-Alain Miller – é possível saber que se trata agora de uma crise do real, que articula a nossa relação com o discurso científico. Para Lacan o que importa é manter na psicanálise a direção quanto ao real. E isto importa ao mal-estar na civilização. Seria talvez um risco tomar a civilização no singular. Há mesmo Samuel Huntington que deu alguns conselhos aqui no Brasil na época dos militares, especialista, aliás, também em sociologia desta área, que anunciou o choque das civilizações nesta época em que sob a hegemonia americana a civilização, que se torna uma, faz fundir, atravessar todas as outras civilizações em que formas de particularismos renascem, retornam. Esta mutação em curso encontra seu cenário de crise, de choque nos eventos de 11 de setembro. E cabe aqui um lugar, a psicanálise para dar conta desta vertigem global. As descobertas científicas no campo do saber sobre a vida, as conseqüências técnicas das descobertas da biologia molecular vão além do que se pode esperar. A possibilidade da fabricação de clones deixou de ser uma especulação ou um delírio. O Estado mesmo não tem respostas para estes problemas e recorre à autoridade dos chamados comitês de ética. O real da ciência, a psicanálise não trata, mas o do sujeito produzido em meio aos desgarramentos do gozo da era da ciência, sim.

Os sintomas na civilização devem ser primeiramente decifrados nos EUA. A França propunha um modelo universalizante. Freud no fim de seu livro sobre o mal-estar dizia que ele resistia a fazer uma crítica do estado presente da civilização nos EUA. É o que Lacan fez em muitos dos seus textos, formulando questões referentes à ética da psicanálise e ao *american way of life*. Freud observa que na Europa se pratica a identificação vertical ao líder, que permite um modo de sublimação poderoso nos EUA. Esta identificação vertical é sacrificada por uma identificação horizontal dos membros da sociedade entre si. A identificação toca uma dimensão social da psicanálise. Mas é preciso falar da pulsão. A pulsão, um dos conceitos fundamentais da psicanálise, tem como parceiro o superego. Esta instância é por Freud situada ao nível da civilização. É aí que ele a pensa em seus avatares, sejam eles renúncias ou sublimações. Mas o que é a civilização, em termos lacanianos? A definição de Lacan é que se trata de um sistema de distribuição de gozo a partir de semblantes, de aparentes. Na perspectiva analítica, isto é, do superego, uma civilização é um modo de gozo, um modo comum de repartição do gozo, uma repartição sistematizada dos meios e maneiras de gozar. Como fica a psicanálise, a clínica? O modo capitalista de gozo, regulado pela rentabilidade, pelo lucro, é um modo de depressão, organizada. Este imperativo tem uma forma que todos conhecemos: é a de angustiar metodicamente o assalariado. Regulação do tempo de trabalho, desemprego. A tese de Freud sobre o pai, como dissemos, se funda sobre uma base social, histórica, a da família paternalista: o pai ocupa sobre si as funções repressivas e sublimatórias. Lacan, já em 1938, fazia uma referência expressa a Malinowiski para situar a função do tio paterno, que na melanésia ocupava estas funções repartidas em duas. O tio paterno com a autoridade e a repressão, e o tio materno nas atividades sublimatórias.

Lacan elaborou o mito lingüístico e o formalizou na metáfora paterna. Mas já nesta época Lacan referia-se às formas que tomava o pai – personalidade ausente, humilhado, dividido ou postiço. Para alguns, o Nome-do-pai passou por uma restauração do pai. Mas, de qualquer forma, como metáfora podia-se mostrar seu caráter de semblante, que podia ser pluralizado. O pai freudiano podia produzir mecanismos de interdição, de culpabilidade, que faziam dar e davam consistência ao Outro social. O superego lacaniano isolado em mais ainda produz um imperativo diferente que não é o do interdito mas goza. Este superego é o superego de nossa civilização. Esta formulação define de maneira clara a passagem ao novo regime da civilização contemporânea. Pedir um gozo a menos, como fazem alguns que desejam introduzir um limite, não vai resolver. O Outro que se procura restaurar e que vem com uma face feroz é o grande Outro religioso.

Lacan assinalou que o declínio do Nome-do-Pai foi acompanhado de um declínio dos ideais. Este levou a uma proliferação de pequenas comunidades, que se fragmentam ainda numa proliferação de seitas. Estas comunidades produzem por sua vez segregação que toma forma na Europa Ocidental em partidos que pretendem expulsar os estrangeiros. Assiste-se assim a um ressurgimento do racismo, anunciado por Lacan em televisão.

O direito ao gozo anunciado em maio de 1968 encontra seu paralelo na identificação do sujeito contemporâneo ao consumidor, embora a miséria amplie a sua presença em toda parte. Por isto me parece bem-vinda esta nova política contra a fome, cuja medida não vem de quem come os restos do Fasano.

A psicanálise apresenta-se hoje como a melhor forma de tratar não apenas o mal-estar na civilização, mas a crise do real com que nos deparamos, uma vez que os discursos do século XIX, acreditando resolver o problema da pobreza, nos legaram fenômenos como o excesso de poder figurado pelos campos de concentração da época de Hitler e Stalin. Lacan, aliás, definiu sua Escola como um refúgio contra o mal-estar na civilização, comparando-a às escolas da filosofia antiga onde – academia, liceu, *stoa* – se elaborava a ciência e se retificava a ética. Como refúgio contra o mal-estar, Lacan definiu depois o próprio laço analítico.

Na época contemporânea vemos o terrível fenômeno do genocídio presente, remetido a seu ponto de real. Lacan fazia também disto um dos determinantes da subjetividade de nossa época. Ele dizia na proposição sobre o analista da Escola, que já citamos: "o que vimos emergir, por nosso horror (do campo de concentração) representa a reação dos precursores com relação ao que irá se desenvolvendo como conseqüência dos remanejamentos dos agrupamentos sociais pela ciência, nomeadamente da universalização que ela introduz".

ANOS 80 - CRISE DO ESTADO E O PENSAMENTO ÚNICO

Renato Lessa*

Este seminário tem uma característica muito peculiar. Assim sendo, eu gostaria de alterar a modalidade normal pela qual nós costumamos nos apresentar; quando participamos de seminários, os palestrantes são normalmente apresentados - como disse o Severino, "Dr. Renato Lessa" - com seus títulos, medalhas, distinções, etc e tal: professor de tal coisa, Dr. de não sei o quê, titular de não sei onde... Eu gostaria de dizer o seguinte: aqui eu sou simplesmente o portador da conta nº 248 da Livraria Leonardo Da Vinci. É assim que gostaria de ser apresentado ao público. Uma conta aberta cerca de 30 anos atrás, para não ser tão preciso, quando eu era muito jovem, e que foi, para mim e para a minha geração, uma janela fundamental para o mundo. Numa época em que se viveu uma ditadura militar muito pesada, em que as bibliotecas públicas estavam completamente fechadas para o que se debatia fora do País, em que tínhamos poucas bibliotecas universitárias, muitas delas censuradas e sem recursos para a modernização de seus acervos, a livraria era para a gente a janela para o mundo, por onde as novidades intelectuais e literárias chegavam até nós. Podíamos contar então com a generosidade de D. Vanna, que nos permitia usufruir fisicamente dos livros; eu mesmo ficava muitas vezes em pé, na antiga livraria, ainda com aquelas estantes verticais, antes das bancadas horizontais. Lembro-me até hoje do primeiro livro que comprei, foi a obra de Émile Bréhier, "Histoire de la Philosophie", que até hoje utilizo nas minhas aulas, e o livro de Louis Althusser, "Pour Marx", na coleção "Théorie", editada pela Maspéro. Enfim, grande parte da minha alfabetização intelectual se deu através da livraria. Aliás, não só alfabetização intelectual, eu também aprendi um pouco a ler francês na marra, lendo os livros que eu comprava na livraria. Já tinha um pouco de francês na escola, mas a capacidade de ler francês eu só adquiri com os livros que estavam sempre a nossa disposição na livraria, uma disposição sempre muito liberal, dentro do nosso orçamento de estudantes muito jovens. Quando chegavam os caixotes de livros novos, o que nós fazíamos era pegar os livros que nos interessavam, colocando-os em uma estante que fica atrás; colocávamos papel com elástico - eu colocava "conta 248" - até que um dia a D. Vanna, muito simpática, reclamou: "Nous ne sommes pas

* Diretor presidente da Faperj, quando do Ciclo de Palestras; bacharel em Ciências Sociais pela UFF; doutor em Ciência Política pelo Iuperj; professor titular do Iuperj e da UFF. Pertence ao Conselho da SBPC; é representante da Área de Ciência Política da Capes e membro do Conselho do Programa de Estudos Judaicos da UERJ, entre outras associações nacionais e internacionais.

en depôt de livres, pardon", mas continuava mantendo um depósito de livros atrás, e garantindo o meu acesso ao que eu julgava tão precioso naquela época.

Neste seminário, quero contar um pouco essa trajetória, esse momento de iluminação, que foi proporcionado a mim e a minha geração, através do contato com a D. Vanna e com a livraria, e com todos os amigos que lá fizemos ao longo dessas três décadas.

A idéia neste seminário é refletir um pouco sobre o que, convencionalmente, se designa como crise do estado. O tema que apareceu na agenda da teoria política, da teoria social, por volta dos anos 70 e 80. Naquela altura nós estávamos vivendo os primeiros experimentos neoliberais de desconfiguração do Estado, de redução do peso do Estado, sobretudo na área de políticas sociais. Isso começou com a eleição de Reagan nos EUA e de Margareth Tatcher no Reino Unido exatamente na década de 80. Houve toda uma discussão a respeito da possibilidade de o Estado estar entrando em crise, na medida em que ele não poderia mais cumprir com as suas funções tradicionais, em função, inclusive, de problemas fiscais terríveis. O custo do Estado estaria muito excessivo e o que se impunha para aquela sociedade, sobretudo para a sociedade do Primeiro Mundo, depois as do Terceiro Mundo que acabaram entrando na fila, era uma redução dos gastos estatais. Dessa redução, evidentemente, tinha como referência, como alvo, sobretudo, a redução do custo social do Estado. Proponho uma reflexão aqui, para eventual discussão depois das apresentações, sobre uma forma específica de organização do Estado que aconteceu no século XX e que esteve envolvida nisso, que nós chamávamos naquela altura de Crise do Estado. Reflito um pouco também a respeito da idéia de democracia como um experimento surgido depois do segundo pós-guerra. Na verdade, o que designávamos crise do Estado envolve uma certa compreensão do que foi a democracia depois do segundo pós-guerra e dos desafios que se apresentaram e se apresentam à democracia contemporânea, do ponto de vista da sua viabilidade ou expansão futura. O diagnóstico da crise do Estado até hoje vem sendo feito. Muita gente indica, por exemplo, o fato de que a erosão dos espaços nacionais seria uma evidência forte na direção de que os estados nacionais não fazem mais sentido. As fronteiras estão relativizadas, os capitais são voláteis, não têm pátria como se repete exaustivamente; isso levaria os estados nacionais a perderem um pouco a sua dimensão. Acho que não devemos ser tão apressados nesse epitáfio, nesse necrológio, na medida em que os estados nacionais ainda são atores altamente relevantes no cenário internacional. Sobretudo, para nós, brasileiros, depois do dia 27 de outubro, escolhas políticas nacionais fazem diferença. Ao contrário do que George Soros falou poucas semanas atrás, que o único eleitorado relevante do planeta era o eleitorado norte-americano, que nos outros países o mercado elegia os governantes, a experiência brasileira de algumas semanas atrás mostra que algumas escolhas nacionais ainda fazem a diferença. É preciso um pouco de moderação ao assinarmos o necrológio do Estado, na medida em que o Estado ainda é um fator relevante na arena internacional e é ainda um espaço considerável de política no interior dos Estados nacionais. Opções tomadas por eleitorados nacionais podem ter impacto fortíssimo no modo pelo qual os Estados se relacionam e no modo pelo qual as sociedades dentro desses Estados vão se desenvolver e ter seus problemas tratados e resolvidos. Alguma coisa na dinâmica política dos Estados nacionais ainda é relevante para pensarmos o futuro da democracia e podermos fundamentar no mundo contemporâneo.

Refletirei um pouco sobre o que é a democracia como forma política do Estado nacional no século XX, a partir das seguintes proposições: a palavra democracia é muito antiga, foi inventada junto com o vocabulário da política que até hoje fala grego. Democracia, plutocracia, aristocracia são todas palavras gregas, política é uma palavra grega. A palavra democracia, portanto, tem essa datação. No entanto, nós não devemos nos iludir com o fato de a palavra ser tão antiga e nos levar a supor que a democracia como forma política real existe no mundo desde que a palavra foi inventada ou de que existiria alguma convergência do espírito humano em direção à democracia. Com freqüência e conforto político, acabamos empregando as mesmas palavras e semanticamente elas vão mudando ao longo do tempo. Há uma espécie de contradição entre a inércia nominalista e a mutação semântica e os significados mudam mas as palavras permanecem. Ao longo do tempo a idéia de democracia foi preenchida por diferentes cargas semânticas, se revisitarmos autores do pensamento político social do século XIX, como Edmund Burke, tido como conservador nascido na Irlanda mas fez política na Inglaterra. Democracia para ele significava nivelamento social e destruição da obra do antigo regime. Um pensador não tão conservador como Burke mas mais atento ao que estava se passando no século XIX como Toqueville vai dizer que a democracia é um processo sociológico, que tende à igualdade social, portanto. A democracia não era entendida como sistema político, mas, sim, como processo social invencível. Haveria no século XIX uma marcha, uma maré quase que movida por uma natureza e não se poderia detê-la, mas o que poderia ser feito era construir "diques", "aparas", para que a maré democrática pudesse se abater sobre a sociedade de maneira mais tranqüila. O próprio Marx na questão judaica tinha problemas com a idéia de democracia tal como apareceu no século XIX. Para ele soava muito estranha a idéia de cada cidadão, de cada pessoa um voto. Como é que eu posso compatibilizar a igualdade jurídica e política com uma sociedade na qual, do ponto de vista do que ele julgava ser a estrutura real da sociedade, vigorava relações de desigualdade? Portanto, a idéia da igualdade jurídica dos cidadãos apareceu como uma ficção contraditada e irrefutada pelo fato de que a economia e as relações sociais eram marcadas por uma profunda desigualdade. Os autores do século XIX tinham uma concepção distinta do que significa a democracia. Na minha perspectiva, que desenvolverei, é um pouco diferente. Se encararmos a democracia como forma histórica, como evento histórico que apareceu em algum momento no século XX, nós poderemos utilizar os procedimentos orientados pelos paleontólogos e arqueólogos e jogar o carbono quatorze em cima da democracia para ver a datação desse, como diria Tomas Hobbes, animal artificial chamado democracia. Após o carbono quatorze, a datação que vai dar é a Segunda Guerra Mundial. Porque a democracia é entendida como uma mescla institucional e normativa de três tradições intelectuais diferentes: a tradição democrática clássica, as primeiras teorias de soberania popular, a tradição liberal moderna do século XVI e XVII e a terceira tradição intelectual fundamental para entender a democracia que surgiu no mundo depois do pós-guerra, que é, evidentemente, a tradição socialista. A democracia era, na verdade, um quasímodo, um animal assimétrico composto por partes que não foram feitas na mesma época e para cumprir as mesmas finalidades, mas que por acaso os históricos acabaram se ajustando, e que têm entre si uma convivência evidentemente tensa ao componente de soberania popular, ao componente liberal e ao componente fundamental que vem sendo erodido nos últimos vinte anos, que é o componente da promoção de políticas sociais, de políticas solidárias que foram introduzidas na agenda do século XX por movimentos à esquerda, pelo socialismo ocidental, pelas suas diferentes variantes. Essa forma social civilizatória surge no mundo a partir do pós-guerra e a maior parte das sociedades européias e outros continentes começam a estruturar as experiências políticas nas quais o eleitorado vai ser composto pela totalidade da população adulta. Depois do pós-guerra isso começa a se generalizar, na Itália tem o sufrágio universal, a Alemanha retomará a tradição da República de Weimar e mesmo no caso francês, se compararmos a extensão das franquias democráticas na França depois da guerra com a experiência da República Francesa do pré-guerra, é evidente que ela é muito mais democrática. A democracia americana do pré-guerra, do pré-trinta é uma democracia extremamente diminuta se a compararmos com a democracia norte-americana depois do *new deal*, do pacote de políticas keynesianas e sociais aplicadas pela administração de Roosevelt. O caso americano é até mais tardio, só se pode falar de democracia com o mínimo de decência e ainda assim é possível discutir os EUA depois dos anos 60 quando as leis chamadas John Brown do sul dos EUA começam a cair com o governo Johnson, o projeto da grande sociedade. Johnson foi um presidente curioso, ele foi péssimo para fora, o Vietnã que o diga, mas do ponto de vista da política interna foi extremamente progressista. É nesse governo que começa a incorporação dos negros na vida política americana. É importante rever essas coisas para poder entender como é que a democracia avança em diferentes países.

A democracia, tal como a conhecemos, é um compósito, é esse animal artificial que combina três tradições. São três tradições que vão se encontrar no século XX e vão formar o que hoje nós chamamos de democracia. A primeira tradição é a mais antiga, é a tradição da democracia clássica, a que inventou a palavra, e o endereço desse mundo histórico vem do grego. Dois aspectos fundamentais do experimento grego que até hoje seguem nos orientando normativamente para exigir mais democracia no final do século XX, início do XXI: o experimento político grego originário; refiro-me a Atenas do século quinto: *o demos* é o governo e essa é a invenção revolucionária que se faz naquele momento. *O demos*, entendido como conjunto da população masculina adulta da cidade, é o governo, não há descontinuidade, não há representação. O governo é *o demos* em praça pública onde delibera e define o que é a agenda pública e toma decisões. Evidentemente que o modelo ateniense é excludente, e algumas exclusões são inaceitáveis do ponto de vista da moralidade do século XX: mulheres excluídas, escravos excluídos, estrangeiros excluídos, mas um certo exercício de relativismo histórico não nos faria mal: mesmo com essas exclusões, no contexto do mundo antigo essa é uma experiência democrática extremamente revolucionária, porque pela primeira vez na história da humanidade a posição que alguém ocupa no campo político, no mundo político, não depende da posição que essa mesma pessoa ocupa na estrutura social. Refiro-me à idéia que os gregos inventam de *isonomia*, a idéia de que todos os cidadãos têm o mesmo peso na política, embora possam ter pesos diferentes na vida social: o pescador, o comerciante, o proprietário de terra, etc. Há diferenças em termos sociais, mas, diferentemente das sociedades aristocráticas e hierárquicas, ela não se traduz mecanicamente quando nós pensamos no corpo político. O corpo político começa a vigorar pela primeira vez a partir das reformas políticas feitas por um cidadão chamado Clístenes, a idéia de que cada cabeça é um voto. Esse princípio é fundamental para a definição dos Estados modernos. A democracia contemporânea, mesmo tendo perdido a energia da participação direta que existia na democracia clássica, ainda assim a democracia contemporânea não pode pensar a idéia de que o eleitorado tem que ser formado isonomicamente. As últimas restrições caíram na formação dos eleitorados nacionais, disseram respeito a restrições de renda que vão cair no final do século XIX e algumas no início do século XX, e restrições de gênero, ou seja, quando as mulheres são incorporadas ao eleitorado: na Inglaterra em 1928, no

Brasil em 1932 e em alguns lugares da Suíça até hoje não foram. O princípio normativo que orienta hoje os eleitorados contemporâneos é o princípio da isonomia presente no experimento democrático clássico. Outro aspecto que eu acho fundamental retomar da experiência clássica é um ponto que é pouco analisado mas que acho tão importante quanto a idéia do *demos*, da soberania e da isonomia. Isonomia está associada a uma outra categoria usada no vocabulário grego que é muito interessante, que é *isegoria*. Esses cidadãos incorporados, todos têm o direito de participar da vida pública, têm o mesmo acesso ao uso da palavra. A política se faz na praça, na assembléia, na *agorá*, e ali na assembléia o único recurso que os cidadãos têm ao seu dispor para fazer política, para competir e entrar em conflito é a palavra, a oratória, a arte da retórica. O uso da palavra é também igualmente distribuído entre os cidadãos. Evidentemente que desigualdade de desempenho vai fazer valer, o fato de haver desempenhos iguais não significa que o uso da palavra não seja o recurso democraticamente distribuído entre os cidadãos. Mas além da *isegoria* e da *isonomia*, que definem o princípio da soberania popular, tem outro aspecto importante, que é a separação da natureza e lei (*physis* e *nomos* em grego). As primeiras formas filosóficas gregas, a idéia de *physis*, de natureza envolviam todas as coisas que existiam desde a natureza no sentido moderno até os assuntos humanos, por exemplo as cidades eram governadas por um sacerdote porque a ordem da natureza determinava que assim fosse. Essa concepção vai se retomar um pouco no período medieval, em que a hierarquia tem a ver com uma hierarquia teológica, que tem a ver com uma ordem natural implantada no mundo pela criação divina. O modelo escolástico consagra isso, sobretudo o período da Idade Média. As primeiras filosofias gregas, a idéia de natureza é uma idéia que compassa todas as teorias existentes, se confunde com a idéia de ser e, portanto, não há lugar para a política, para a escolha humana. A minha vida é totalmente predeterminada por ciclos cósmicos e não caberia tomar nenhuma decisão, alterar esse fatalismo, uma concepção histórica marcada por nenhum fatalismo. O que vai ser inventado exatamente no século quinto, momento em que a democracia grega está sendo produzida, é uma separação entre idéias naturais e leis, civis, políticas e sociais. Lei natural é o seguinte: não adianta fazer passeata para fazer com que o vulcão pare de cuspir lava. Podem-se juntar oitocentos mil italianos pedindo que pare mas não pára de sair lava. Pode ser que por acaso pare, mas não vai ser em função da passeata dos companheiros da Sicília que a erupção vai se interromper. Oitocentas mil pessoas na rua podem, evidentemente conseguem e com freqüência conseguiram, mudar leis que dizem respeito à cidade, derrubar príncipes, reis, impedir presidentes. Existe um âmbito da idéia de lei que não tem a ver com natureza, tem a ver com vontade humana e aí a política é inventada.

A política é o conjunto de assuntos públicos sobre os quais a decisão humana faz diferença. Isso parece muito antigo mas não, é fundamental para definir o experimento democrático, porque quando os nossos presidentes nos dizem que diante de certas coisas que acontecem no mundo não há nada o que fazer, porque a globalização e os fluxos financeiros são como fenômenos naturais, o que está sendo reposto no vocabulário político do século XXI? É a antiga concepção de natureza que acabava integrando assuntos de natureza política, ou seja, a idéia de que quanto mais a natureza dita os rumos que a sociedade tem que tomar menor é o âmbito da decisão humana e da política. A democracia grega nos ensina que além da isonomia, do uso da palavra franqueada a todos os cidadãos, além do princípio da soberania de um *demos* que é governo ao mesmo tempo, há uma diferenciação profunda entre lei natural por um lado e lei em um sentido social que nos ensina que todos os assuntos humanos dizem respeito à participação dos cidadãos ativos. A agenda política da cidade não pode ser suprimida e a decisão política da cidade é que vai determinar os rumos que a cidade vai tomar.

Essa tradição grega fica perdida um pouco no tempo, ela aparece nas cidades italianas mas fica como uma espécie de infância do pensamento político ocidental até pelo menos o século XVIII. Os pensadores do século XVIII, por exemplo, quando falavam em república pensando em Atenas, sempre se referiam a esses experimentos como coisas do passado que não vão voltar nunca mais e das quais fica somente uma espécie de memória heróica. Mas ficaram como uma espécie de reserva normativa, reserva doutrinária, moral, que em algum momento do tempo vai se apresentar e cobrar o seu direito de passagem.

Refiro-me agora a um outro evento intelectual que não tem nada a ver com esse e que vai aparecer no século XVII, tal como para Atenas no século quinto, inventaram a democracia e democracia é basicamente um método para produzir governo. A cidade será governada por *demos*, é uma forma de as pessoas se reunirem para produzir *cratos*, produzir poder político. No século XVI, XVII, começa outra tradição intelectual antecipada um pouco pela Idade Média e que mais tarde vai receber o rótulo de liberalismo moderno. A perspectiva de liberalismo moderno, para termos uma visão telegráfica para a discussão que nos importa, está presente em três inovações. Assim como nos gregos eu destaquei duas inovações, vou destacar três inovações da tradição liberal do século XVI e XVII. A primeira delas é a separação entre esfera pública e esfera privada. O poder político do século XVI é um horror, os Estados nacionais só servem para fazer guerras, sobretudo guerras de religião, Montaigne assiste ao massacre de São Bartolomeu horrorizado com aquela loucura toda. Levou a conversão do rei protestante ao catolicismo porque evidentemente Paris vale muitas missas e, enfim, a idéia de que o Estado nacional é um horror e é um instrumento de tirania, de morte, de produção de cadáveres. Portanto, a felicidade humana não pode residir na política, tem que fugir da política, ela tem que se realizar na vida privada. Etiénne de la Boétie tem um texto lindíssimo chamado "Discurso da Servidão Voluntária", no qual ele propõe a amizade como lugar de realização da felicidade humana, isonomia é na vida privada e não na vida pública. Os amigos são iguais, pertencem ao âmbito afetivo, às relações primárias e não têm a ver com o mundo público, que é perigoso. Isso fica em todos nós, quem não defende a separação entre o público e o privado? Quem não defende a sua privacidade, seu direito à sua individualidade? Isso está sendo inventado no século XVI. A essa idéia entre separação do público e do privado, vamos ter uma outra invenção do século XVII feita por um inglês chamado John Locke, que é a idéia de que nós temos direitos naturais e eles precedem a sociedade, são pré-societários. Faço aqui homenagem a John Raws, que faleceu recentemente e foi um dos grandes pensadores dessa tradição contratualista: a sociedade justa é aquela que se estrutura a partir do reconhecimento dos direitos naturais, que são direitos à vida, aos bens e à liberdade individual. Há uma discussão sobre os bens, se John Locke não estaria legitimando a propriedade burguesa, o que, do meu ponto de vista, é um anacronismo brutal. John Locke está preocupado é com que "o rei e o tirano não tirem o que é meu" ou me cobrem impostos excessivos. A preocupação dele era essa, não tem nada a ver com a propriedade burguesa que vai aparecer lá pelo século XIX, só para não se achar que esses autores estão antecipando coisas que só vão vir muito tempo depois.

Isso vai se escrever também no *lex* ocidental. Toda a teoria dos direitos humanos, por exemplo, está fundada nessa ficção no bom sentido de que os homens são iguais, têm direitos iguais; portanto existiria, apesar da variedade histórica da humanidade, da diversidade dos atos, dos costumes, das tradições, o substrato universal comum. Esse substrato se traduz no texto de Locke, na idéia dos direitos naturais. Vai aparecer no XVIII com a teoria dos direitos do homem e vai ser consagrado por acaso no segundo pós-guerra e é o que vai dar base normativa para coisas fundamentais avançadíssimas do mundo contemporâneo, como, por exemplo, a extraterritorialidade dos crimes contra a humanidade, que é uma dimensão fundamental, um avanço fundamental do direito internacional. A idéia de que o juiz espanhol pode prender, processar o tirano chileno ou o torturador argentino. Outro ponto importante no liberalismo moderno, além da separação entre o público e o privado e da idéia dos direitos autorais, é a idéia de que as instituições políticas são um fator importante na preservação da liberdade. Esse ponto foi desenvolvido por um autor chamado Montesquieu no século XVIII e junto com ele David Hume, um escocês genial, e alguns americanos como James Madison no final do século XVIII, os federalistas: os homens não são anjos, portanto, o governo é necessário. Se os homens fossem anjos não haveria governo e como o governo não é de anjos, é de homens, o governo tem que ser controlado. A melhor maneira de controlar o governo é dividi-lo. Com isso um dogma da teoria política, que vem desde Jean Bodin no século XVI passando por Maquiavel, está sendo refeito, que é a idéia de que a soberania é unificada. O Príncipe detém toda a soberania, o que está sendo dito no século XVIII é: "Soberania unificada é liberticida". Então tem que se fragmentar a soberania: executivo, legislativo, judiciário, enfim, a ouriversaria institucional do modelo americano, alguns Estados têm Senado e Assembléia de representantes. No caso americano, evidentemente ele toma decisões erradas muitas vezes, mas a idéia é que governo é perigoso, então ele tem que ter *"checks and balance"*, então ele tem que ter mecanismos de controle para que o governo governe o mínimo possível e haja o máximo de controle sobre o que ele faz. A idéia desses liberais é: se para os democratas clássicos o fundamental era produzir governo a partir do povo, produzir *cratos* a partir do *demos*, a preocupação dos liberais modernos é: "Como eu me defendo do governo?".

Se o pobre Sócrates, que acabou tomando cicuta porque defendeu algumas idéias estranhas, tivesse vivido numa sociedade na qual tivesse direitos individuais, na hora da sua condenação ele poderia ter falado que tinha direito à liberdade de pensamento, a falar o que queria, porque na concepção grega democracia era decisão da maioria. Com essa invenção liberal que estou mencionando e acho fundamental, vamos caminhar para uma concepção de democracia que começa a se difundir no século XIX, que é a democracia liberal. O autor John Stuart Mill fez o livro "Sobre a liberdade" na segunda metade do século XIX. A democracia é o governo da maioria mas que garante a proteção das minorias. O princípio da liberdade pessoal, ou seja, como eu me protejo do governo, ele vai agora aparecer como compatível com o princípio da maioria que elege o governo mas não tem garantias legais, constitucionais, de que o governo não pode fazer certas coisas: não pode me prender, entrar na minha casa sem mandato judicial, não posso sofrer discriminação por pensar, crer coisas estranhas. Stuart Mill chegava a idéias interessantíssimas; por mais loucas e alucinadas que sejam, não podem ser suprimidas, porque o que caracteriza os seres humanos em sociedade é o princípio da ignorância, todos nós ignoramos, sabemos um pouquinho de coisa que tem a ver com a nossa localização no espaço. Uma das características da nossa ignorância é que nós não podemos demonstrar que os outros estão errados. Se uma minoria totalmente contrária aos valores da sociedade cumprir as idéias constitucionais, se não partir para a ruptura violenta com relação ao regime que reconhece a sua existência, ela tem que ser preservada, porque não há nenhuma avaliação dos cidadãos que possa determinar, demonstrar que o que aquela minoria está defendendo é errado do ponto de vista científico ou filosófico, porque a maioria é uma soma aritmética de opiniões e não atestado de verdade. A idéia de Stuart Mill interessante é que as minorias podem ser laboratórios para o futuro. De oito minorias alucinadas, talvez três possam estar inventando hoje uma coisa que daqui a trinta, quarenta anos será fundamental para a vida social. É uma reflexão muito interessante, muito próxima de umas coisas que aconteceram no campo socialista da época, mas que vai propor essa compatibilidade entre a idéia clássica de democracia e a idéia moderna de liberalismo.

Quando se fala em democracia do século XX, ela não é só democracia liberal, mas só faz sentido à medida que está preenchida por um conjunto de valores e de instituições que têm a ver com a tradição socialista. Na passagem do XIX para o XX, os eleitorados nacionais começam a se formar, os eleitorados europeus começam a caminhar na direção do **espaço** masculino. Final do século XIX, início do XX, quase todas as sociedades européias, todos os adultos homens estão votando e a história da incorporação eleitoral é feita por pedaços da sociedade de primeira aristocracia, depois alta burguesia, as classes médias altas, aristocracia operária e classe operária. O último segmento que entra, portanto, é composto pela classe operária. Evidentemente que quando essa gente entra no corpo do eleitorado, entra sabendo o que vai fazer. Em 1905 houve uma greve geral na Bélgica e a primeira reivindicação dos operários em greve era de quererem votar; ganharam, acabou tendo uma reforma eleitoral na Bélgica. Quando entraram no jogo já entraram com a camisa do clube, evidentemente, bem vermelha, ou seja, com identidade política já constituída, sabendo o que iam fazer como parte do eleitorado. Não é por outra razão que existe uma produção crescente de legislação social nesses países europeus que correspondem à entrada dos partidos operários socialistas no jogo democrático, no jogo da competição política.

O socialismo não foi só um experimento fracassado que tentou ser feito do lado de lá do muro, mas, sim, um dos co-autores do que nós só chamamos de democracia contemporânea do lado de cá. Introduziu padrões de solidariedade, de justiça social, política social, por razões endógenas à gestão do capitalismo na nossa sociedade. Isso é, evidentemente, sucesso variado de país para país, há país em que o próprio Estado antecipa a pressão operária e propõe legislação social, o que não descaracteriza o que estou dizendo. Pelos anos 70, 80 as democracias são experimentos que contêm princípios democráticos, liberais e socialistas. Quais são as possibilidades de sobrevivência desse arranjo? Há problemas no horizonte, a democracia é um fenômeno histórico e como todo fenômeno histórico nasce, vive e morre. Nasceu depois da Segunda Guerra Mundial, a maior parte da história da humanidade não conheceu a democracia tal como nós a conhecemos. Se houver um livro "A História da Humanidade em Noventa Minutos", a democracia vai ocupar um pé de página, a dinastia *Ming* vai ter mais espaço, o sistema político do Egito Antigo vai ter que ter mais espaço. Além da democracia ter essa carga normativa, ela só pôde se estruturar na segunda metade do século XX porque algumas instituições foram tiradas para lhe dar sustentação. Três instituições: direitos políticos, eleições livres, competição partidária livre e aberta. Este é o requisito institucional para que a idéia de soberania popular faça o mínimo de sentido. O desempenho da democracia política no mundo contemporâneo apresenta problemas bastante preocupantes, em certos países a apatia é muito forte, a abstenção eleitoral é muito grande. O Brasil está na contramão disso, a abstenção eleitoral no Brasil tem sido cada vez menor, portanto, há países em que esses problemas aparecem mais ou menos. Há apatia do eleitorado europeu, sobretudo o jovem, ninguém quer votar. As agências de socialização política dos indivíduos estão cada vez mais erodidas, ou seja, instituições na sociedade que socializam pessoas para a política. Num pequeno país como o Uruguai, existe uma anedota verdadeira de que em sua fronteira com o Rio Grande do Sul, várias partes não têm marcas geográficas, ninguém sabe onde começa o Uruguai e onde acaba o Brasil, mas o pessoal que mora na fronteira sabe o método para determinar isto. O Uruguai começa quando começam a aparecer as escolas. Houve uma reforma no final do século XIX, feita por Varela, que pensava a escola pública como o lugar da socialização política. Ensinava cidadania, civismo. Escolas políticas, não há experiência parecida com esta no Brasil. Vários analistas têm mostrado que, nas principais democracias ocidentais, essas agências de socialização política estão tendo rendimento cada vez menor, o interesse pela política diminui, o refluxo para a vida privada acaba sendo muito mais atraente e alguns atores falam da idéia de **demoesclerose**, que é a idéia de que os canais que ligam o governo, de representação, acabam sendo entupidos por grupos especiais de interesses que controlam a agenda pública. Se o parlamento vota uma agenda pública, mas grupos de interesse fazem *lobby*, vão ao executivo diretamente e determinam qual é a política que está sendo seguida. Com freqüência, políticas de Estados nacionais estão sendo cada vez mais determinadas por razões técnicas, de segredo, técnicas que não são razões que podem ser submetidas a decisões dos eleitorados nacionais, portanto, há problemas por aí. Há problemas com os direitos civis também, sobretudo em sociedades como a brasileira, com cinqüenta milhões de pessoas sobre a linha da pobreza; temos uma pauta magnífica de direitos civis na constituição, mas o usufruto prático dos direitos civis é absolutamente enlouquecedor na sociedade brasileira. As pessoas não sabem quais são os seus direitos e não têm como utilizá-lo. A estrutura social refrata para menos a capacidade libertadora que os direitos civis têm e por fim os direitos sociais dentro da datação que nos foi proposta aqui, dos anos 80 do século XX: vêm sendo erodidos pelas reformas dos Estados que os franceses chamam de "*L'État social*", o estado social, o estado providência. O Estado vem sendo reduzido, mudança de aposentadoria, de prestação de serviços médicos, proteção social em geral, políticas para a juventude, a infância, mulheres, enfim todo aquele arsenal que o estado de bem-estar social criou nos anos 50 começa a ser reduzido em função de uma concepção às vezes ingênua de que se deve devolver à sociedade para que a sociedade resolva os seu próprios problemas. Isso pegou em certos setores da esquerda. Uma certa conversão à sociedade civil, o Estado não importa mais, a própria sociedade resolve melhor os seus problemas, na verdade, isto está presente na retórica de esvaziamento neoliberal que o Estado vem sofrendo sobretudo no campo da política social. Há um sociólogo importante, Loïc Wacquant, que chama a atenção para o fato de que, à medida que o Estado social declina, aumenta o Estado penal. Fez uma investigação na França e EUA muito interessante, mostrando que cada redução do Estado providência tem um impacto quase que direto no aumento da população carcerária desses países. Diminuem os custos sociais do Estado e aumentam os custos repressivos: mais polícia, cadeia de segurança hipermáxima, etc. As despesas públicas se deslocam do campo da proteção social para o campo da contenção social e, portanto, o invólucro que no final do século XIX preparou para a democracia que surge nos anos 40 é pouco amigável. Que regime teremos no século em curso, à medida que essas instituições básicas da democracia do século XX estão mostrando grau diferenciado, mas, em geral, estão mostrando sinais de erosão muito preocupantes? Será que vai ser democracia ainda ou isso terá outro nome? Teremos de inventar uma outra categoria para representar isso?

ANOS 80 - LIMITES DO PENSAMENTO ÚNICO

César Benjamim*

Eu e Renato não combinamos nada em relação às nossas intervenções nesta mesa. Mas, por essas sortes da vida, elas acabarão sendo complementares. O nosso tema é o "Estado e o pensamento único". Renato enfocou basicamente a questão do Estado, do regime político, da democracia. Já as notas que eu trouxe para cá enfocam o outro lado do nosso tema. Vou enfatizar a questão do pensamento único.

Começo fazendo duas afirmações gerais, soltas, sem nenhuma pretensão de cientificidade ou rigor. Talvez elas nos estimulem a pensar.

A primeira afirmação é a de que a idéia de pensamento único é uma contradição em termos. Pois uma interpretação só pode pretender ser única, só pode se anunciar como única, se tiver a pretensão de transformar a realidade numa evidência: só o que é evidente permite uma única interpretação. Tal interpretação, por sua vez, não é propriamente um pensamento, é uma constatação. O que é evidente não pede pensamento, pede constatação.

A idéia de "pensamento único" pressupõe a idéia de que a realidade pode ser tratada como evidência. O próprio *conceito* de pensamento é estranho a isso. O ato de pensar pressupõe que objetos, situações ou relações não se deixam conhecer imediatamente. Exatamente por não serem evidentes, demandam um esforço de pensamento. Ora, se coisas, relações e situações são mais ou menos opacas, se resistem a ser conhecidas, se exigem um esforço de interpretação, então por definição o espaço do pensamento é aberto à pluralidade. Não existe pensamento único. Se é único, não é pensamento: é constatação. Então, em vez de "pensamento único", deveríamos falar em pensamento hegemônico, ou em pensamentos que, em certos contextos, tornam-se hegemônicos quando conseguem moldar o senso comum.

A expressão da hegemonia é esta: pensamentos que aparecem para nós sob a forma de senso comum. Por isso mesmo, o destino do pensamento hegemônico é perder a hegemonia. Exatamente por moldar o senso comum, ele tende a

* Graduado em Economia pela UFRJ e em Língua e Literatura pela Universidade de Estocolmo. Ex-editor da revista Ciência Hoje (SBPC). Atualmente dirige a Editora Contraponto. Autor de "E o sertão, de todo, se impropriou"; "Diálogo sobre ecologia, ciência e política"; "1994 - uma alternativa à crise brasileira"; e "A opção brasileira".

tornar-se medíocre, pois passa a atrair a mediocridade. A mediocridade adora o senso comum.

Chegamos a um paradoxo aparente: sempre que existe um pensamento hegemônico, amplo e disseminado, podemos ter certeza de que, nessa sociedade, o pensamento mais vigoroso está no pólo contra-hegemônico. Por um motivo simples: quem não é hegemônico não pode ser medíocre. Se for, é simplesmente eliminado, darwinianamente eliminado. Isso constitui uma dialética do pensamento. Em cada conjuntura histórica, descobrimos sempre um pensamento mais vital, mais rigoroso, no pólo não hegemônico. Isso se aplica, por exemplo, ao marxismo. Houve um momento da história contemporânea em que era muito fácil ser marxista. Bastava escrever um texto falando em relações de produção e forças produtivas. Nós sabemos como isso enfraqueceu o marxismo.

Curiosamente, aquele que é hoje o chamado pensamento único – que prefiro chamar de pensamento hegemônico – tem uma história exatamente inversa. A trajetória do neoliberalismo é bastante curiosa: ele perde a batalha intelectual a partir da década de 1930. No mundo inteiro, vira uma curiosidade, uma especulação desprovida de sentido. A partir da Grande Depressão de 1929-1933, a idéia de um mercado livre, regulador da dinâmica econômica e das relações sociais, se enfraquece muito. A ex-União Soviética começa a colher frutos de seu primeiro plano qüinqüenal, no contexto de uma economia planificada. Os Estados Unidos lançam mão do New Deal. A Alemanha recupera seu poderio com um regime nazista fortemente intervencionista. Segue-se, em quase todo o mundo, uma economia de guerra, que é uma economia minuciosamente planejada.

Se em uma situação de guerra é preciso usar o planejamento para ser mais eficiente – porque a guerra é uma situação-limite em que as sociedades, para sobreviver, têm de ser muito eficientes – por que não se deve usar o planejamento em situações de paz? No segundo após-guerra, o campo socialista adotou esse princípio de maneira explícita e extensa, mas também no bloco capitalista há uma ampla predominância de um pensamento econômico não-neoliberal, que aposta na capacidade regulatória do Estado. Vai mais longe: diz que essa capacidade é essencial para garantir a sobrevivência do próprio capitalismo. Nesse contexto o pensamento neoliberal quase desaparece do horizonte. Mantém-se viva uma pequena seita neoliberal, que cultiva heroicamente a teoria. Como toda seita não hegemônica, ela tem de ser boa, vigorosa, competente.

As condições mudam na década de 1970, quando o sistema capitalista apresenta sinais de estagnação com inflação. Esse núcleo teórico então desabrocha e trava uma batalha intelectual importante na academia, principalmente nos Estados Unidos e na Inglaterra. Torna-se objeto de políticas de Estado na década de 1980, se não levarmos em conta a experiência chilena de Pinochet, uma experiência que estava em curso *avant la lettre* em um país periférico e pouco importante. Na década de 1990, além de organizar políticas de Estado no centro do sistema, o pensamento neoliberal se torna objeto de exportação, tornando-se isso que hoje estamos metaforicamente chamando de pensamento único.

Como todo pensamento hegemônico, também o neoliberalismo experimenta as vicissitudes de sua condição. Politicamente forte, começa a tornar-se teoricamente fraco. Pois se torna muito fácil ser neoliberal, principalmente em economia. Os medíocres, sempre atraídos por quaisquer facilidades, acabam se tornando neoliberais. Os papéis se invertem: hoje, quem quiser ser marxista tem de ser muito bom, tem de aguçar o fio da sua navalha teórica, justamente porque enfrenta uma conjuntura histórica desfavorável.

Nos últimos anos se desenvolveu a crítica do neoliberalismo. É inevitável que ele venha a perder a hegemonia. Porém, essa crítica tem sido feita principalmente a partir da óptica dos efeitos do neoliberalismo – a pobreza, a desigualdade, e assim por diante. Isso não basta. Sempre se pode argumentar que tais efeitos são transitórios, acidentais, secundários, resultantes da má aplicação da doutrina.

É necessário fazer uma crítica ao neoliberalismo sem falar nos seus efeitos, enfocando a cientificidade desse pensamento, a sua estruturação interna, a sua lógica. Para o debate teórico, isso é essencial. Quando travamos um debate político, a estratégia correta é mirar onde o adversário é fraco; se ele é corrupto, por exemplo, você morde ali, nessa sua fraqueza. É a lógica da luta política. Mas a luta teórica não pode ser feita assim. Ao contrário. Ela exige que você ataque onde seu adversário é forte, e não onde ele é fraco. Se é verdade que você só vence a luta política atacando onde ele é fraco, você só vence a luta teórica se conseguir derrotá-lo onde ele é forte.

O pensamento neoliberal é forte em economia. Ele sequer pretende ser um pensamento voltado para construir uma sociedade baseada na igualdade e na solidariedade. Abdica disso, explicitamente, e afirma que seu terreno é o da racionalidade econômica. É como se nos dissesse: "Vocês são pessoas boas e idealistas, mas não podem governar, pois não dominam a técnica necessária para isso. À revelia de seus desejos, vão acabar criando situações de caos e de retrocesso."

Sem falar nos efeitos do neoliberalismo, vou propor aqui, muito rapidamente, quatro abordagens, que correspondem a quatro mecanismos por meio dos quais se opera o salto desse pensamento em direção à hegemonia.

O primeiro mecanismo é a reiteração de proposições que se tornam evidentes sem nunca terem sido demonstradas. É uma coisa extremamente curiosa. Vou dar três exemplos.

A primeira proposição, associada à idéia de globalização, é a de que existe uma relação entre progresso técnico e internacionalização dos fatores de produção. O local e o nacional são antigos. O global é moderno. Esta idéia está no ar. No entanto, se observarmos a realidade, podemos encontrar sem dificuldades contra-exemplos extremamente importantes a esse pensamento supostamente evidente. Por exemplo, o Brasil sempre teve gigantescas reservas de minérios de ferro de boa qualidade. No entanto, até a década de 1940, sempre se considerou que o país não poderia desenvolver uma siderurgia moderna por falta de bom carvão. Para obter produtos siderúrgicos, o Brasil estava condenado a buscá-los no mercado internacional. Foi o desenvolvimento tecnológico – com a utilização de gases combustíveis e da eletro-siderurgia – que permitiu a nacionalização da produção siderúrgica, com a formação da siderurgia moderna no Brasil. Temos aí um primeiro caso em que o progresso técnico aponta do espaço global para o espaço nacional. Até a década de 1970, o Brasil estava condenado a buscar no mercado internacional 80% do petróleo que consumia. De novo, foi o progresso técnico que permitiu a nacionalização da produção de petróleo, com a possibilidade técnica de extração do petróleo submarino em águas profundas. Também nesse caso, o progresso técnico agiu no sentido de internalizar a nossa produção. Na agricultura, novamente, foi o progresso técnico que permitiu a produção nacional de um conjunto de espécies que eram inadaptadas ao nosso ambiente e que revolucionaram a agricultura brasileira — para o bem e para o mal —, entre elas a soja. Até pouco tempo atrás, a soja não podia ser plantada no Brasil. Foi a engenharia genética e o desenvolvimento da agronomia que tornaram a soja um produto brasileiro.

Isso mostra que o vetor do progresso técnico é neutro do ponto de vista do espaço. Em certos contextos, aponta para a internacionalização, ou a globalização. Em outros, aponta para a possibilidade de nacionalização e até mesmo de regionalização. A primeira afirmação que o neoliberalismo tenta tornar evidente não conta, a seu favor, com nenhuma evidência conclusiva.

Uma segunda afirmação considerada evidente é a de que há uma correlação entre abertura da economia, com exposição à concorrência internacional, e modernização. Ora, a concorrência internacional é assimétrica. Ou seja, não se distribui igualmente pelos diferentes setores. Por definição, os países mais ricos e mais desenvolvidos são mais agressivos e mais competentes nos setores mais modernos (por isso são ricos e desenvolvidos). Então, dependendo da forma como nos expomos à competição, há alta probabilidade de que nossos setores modernos sejam esmagados, preservando-se exatamente os setores arcaicos da nossa economia, que não interessam aos nossos competidores!

Vimos isso no Brasil. A Metal Leve, que era uma indústria brasileira modelo – moderna e produtora de tecnologia própria – não resistiu à abertura da década de 1990. Mas a produção de rapadura permaneceu intacta. O cartel do cimento, também, pois está protegido quase naturalmente: o cimento é um produto de baixo valor agregado, muito pesado, difícil de transportar. Abrimos a economia e não aconteceu nada com o cartel do cimento, enquanto diversos setores modernos da economia brasileira capotaram. Não quero dizer que abertura signifique atraso, necessariamente, mas, sim, que a correlação entre abertura e modernização está longe de ser automática e evidente. Ela pressupõe análise de cada situação real e concreta, com a adoção de políticas pertinentes, caso a caso.

Uma terceira idéia que se tornou evidente sem demonstração é a de que o Estado tem de operar em equilíbrio fiscal. Os comentaristas da televisão não cansam de lembrar: em nossa casa, não gastamos apenas o que podemos ganhar? Então, não é claro que também o Estado só pode gastar o que ganha? Não. Pois o Estado nacional é um ente diferente de uma família. Entre as suas prerrogativas está justamente a fabricação de dinheiro. Ele pode gastar mais do que ganha porque pode emitir moeda. Mas, isso não causa inflação? Não necessariamente. Depende do contexto. Nenhuma escola econômica séria afirma que os Estados nacionais têm de operar em equilíbrio fiscal, e não é isso que se pratica no núcleo do sistema. Vocês acham que o governo Bush está fazendo equilíbrio fiscal nos Estados Unidos? Ele está fazendo déficit, pois a economia americana entrou em recessão.

Quando uma economia entra em recessão, estabelece-se um círculo vicioso: a demanda está deprimida e, por isso, as empresas investem pouco; pelo fato de elas investirem pouco, a demanda se deprime mais. Pois o ato de investir é pegar uma grande soma, controlada de forma centralizada, e diluir em inúmeros gastos descentralizados. Investir significa pagar salários, fazer compras, gerar encomendas, etc. Logo, o investimento aquece a demanda. Porém, se a demanda está deprimida, ninguém investe. E, se ninguém investe, a demanda se deprime mais. Nesse contexto, se o Estado opera em equilíbrio fiscal, ele é neutro e o círculo vicioso se mantém.

A grande descoberta de Keynes foi a seguinte: nesse contexto, é preciso existir algum agente econômico capaz de operar *contra* o círculo vicioso, ou seja, capaz de investir mesmo em um contexto de demanda deprimida. Nenhuma empresa privada pode fazer isso, sob o risco de quebrar. O único agente que pode adotar esse comportamento é o Estado. Ele pode operar em déficit. Esse déficit irriga a sociedade de recursos. Esses recursos encontram uma sociedade que está funcionando abaixo do seu potencial instalado, com desemprego e capacidade ociosa. São esses recursos novos que levam o sistema produtivo ao seu ponto de plena capacidade. Neste ponto, há mais atividades e recolhem-se mais impostos. Assim, o Estado recupera o equilíbrio fiscal em um nível mais elevado de atividade econômica, sem gerar inflação. Não é simples?

É isso o que diz a teoria econômica séria. É isso o que eles sempre fizeram nos países ricos, pelo menos desde a década de 1930. Aqui, estamos em recessão há vinte anos, com 20% de desemprego, com a capacidade ociosa... e fazendo superávit. Fazer superávit é tirar recursos da sociedade e não devolvê-los a ela. Pois, se o Estado tira e devolve, há equilíbrio fiscal, ele é neutro. Mas, se ele tira, por meio de impostos, e não transforma esses impostos em investimentos e serviços públicos, ele está agindo de maneira pró-cíclica. Em vez de cumprir o papel de retirar a economia do ciclo recessivo, ele está aprofundando o ciclo. É incrível constatar que essa terceira "evidência" do neoliberalismo virou lei no Brasil. Todos se orgulham de que temos a chamada Lei de Responsabilidade Fiscal. É inacreditável!

Tratei até aqui do primeiro mecanismo de construção da hegemonia: tornar evidentes proposições que nunca foram demonstradas. Apresentei três exemplos. O segundo mecanismo é o da circularidade. Vamos a ele.

O pensamento neoliberal diz que a sociedade e o sistema econômico têm de ser guiados pelas interações do mercado. O mercado é um espaço ideal em que incontáveis agentes se relacionam, de modo que nenhum desses agentes, individualmente ou em grupo, pode determinar a resultante. Se essa interação cega funcionar ocorre uma alocação ótima de recursos. Por isso, o pensamento neoliberal é hostil à idéia de metas. Se a sociedade define metas e se organiza para atingi-las, então, por definição, ela não está respeitando a interação mercantil. Está fazendo uma intervenção em nome de um futuro imaginado, desejado, acordado entre os agentes. Isso não é mercado. O neoliberalismo propõe uma sociedade que não tenha metas. Ao mesmo tempo, diz que é portador do futuro, do progresso. Nós perguntamos: "Mas, de qual futuro você é portador?". Ele diz: "Eu não sei. O futuro é resultante das interações do mercado." Nós perguntamos: "Como é que você sabe que esse futuro é ótimo?" Ele diz: "Porque ele otimiza a operação do mercado." A lógica do mercado fundamenta o início e o fim do raciocínio!

Insisto nisso: o verdadeiro neoliberal não pode dizer nada sobre o futuro. Se ele disser alguma coisa e se aceitar alguma meta, não é neoliberal. As ferramentas de avaliação desse futuro são ferramentas internas da própria teoria. Trata-se, pois, de um pensamento fechado em si mesmo, que não tem contas a prestar à sociedade. Nesse futuro não tem educação, trabalho, emprego, saúde, segurança? Isso não é problema. A alocação foi ótima porque respeitou os mecanismos de mercado.

O mais curioso é que esse futuro dos neoliberais nunca chega e não pode chegar. Isso não decorre de falhas empíricas. Ele não pode chegar, pois nenhuma sociedade pode sobreviver mantendo, entre seus componentes, exclusivamente relações de mercado. Vocês acham que pode existir uma sociedade em que não existam defesas de interesses, corporações, sindicatos, grupos de pressão, Estado, legislação, interações negociadas fora da esfera da racionalidade econômica? Essa sociedade explode inevitavelmente.

A vida social pressupõe um conjunto de regras que não são definidas no espaço do mercado. A idéia de um mercado livre que comanda toda a vida social é apenas aquilo que Weber chamaria de um tipo ideal, não é algo que possa existir. Se é assim, o pensamento neoliberal pode contar com uma eterna fuga para frente. Por que as coisas andam tão boas? Porque a sociedade não se organizou completamente em torno do mercado. Isso atrapalhou o mercado, aquilo atrapalhou o mercado, aquilo outro atrapalhou o mercado. Quando a política neoliberal entra em crise, o pensamento neoliberal aciona um mecanismo interno que leva à seguinte conclusão: "É preciso aprofundar o neoliberalismo." É preciso completar a operação mercantil que não foi completada. Mas ela jamais poderá ser completada.

Estamos diante de um pensamento cujos critérios de legitimação são internos e que contém dentro de si um mecanismo de fuga pra frente. O nome disso não é ciência, é ideologia, é fé. Pelos próprios critérios de Popper, que era um conservador. Pois, para ele, a ciência pressupõe a refutabilidade. O pensamento neoliberal é irrefutável. Toda ideologia é irrefutável. O segundo componente na formação do pensamento hegemônico é essa circularidade que permite um moto-perpétuo.

O terceiro componente são as profecias que se auto-realizam. Vou tentar localizar isso no caso brasileiro. As políticas neoliberais foram adotadas na década de 1990 no Brasil a partir do argumento básico da ineficiência da nossa economia. Por causa dessa ineficiência, era preciso fazer abertura comercial, desregulamentar o sistema financeiro, privatizar, eliminar subsídios, alterar o patamar do câmbio e dos juros, etc. Tudo isso foi feito – recordemos – para erradicar a ineficiência do sistema produtivo brasileiro.

A primeira coisa estranha nesse raciocínio é que esse sistema produtivo considerado ineficiente manteve durante cinqüenta anos uma taxa média de crescimento de 7% ao ano. Nenhum país no mundo conseguiu isso. Como é que o Brasil conseguiu? O Estado brasileiro atuou fortemente ao longo do século XX, investindo em infra-estrutura, manejando câmbio, manejando tarifas, abrindo linhas de financiamento, etc, sempre de modo a manter aquecido o processo de industrialização. Ele atuava para edificar e manter um sistema de preços relativos que tornava muito rentável fazer indústrias. Investir em siderurgia, por exemplo, significava ofertar aço barato. Fazer rodovias significava baratear o transporte. Fazer barragens significava ter eletricidade barata. Tudo isso favorecia o investimento industrial. O cuidado do Estado, ao longo de cinqüenta anos, era manter em vigor preços relativos que induzissem o investimento industrial. Esse foi o segredo do desenvolvimentismo.

Chegam os neoliberais e dizem: "Tudo isso é ineficiente. Eu vou mexer no câmbio, nos juros, nas linhas de financiamento, na política comercial, etc." Ao fazerem isso, eles alteram todos os preços relativos. Assim, as decisões de investimento que haviam sido tomadas antes tornaram-se erradas, pois obedeciam a um sistema de preços relativos que deixou de existir. Ora, tais decisões de investimento estavam corporificadas na base produtiva instalada no país. Assim, essa base produtiva se tornou de fato ineficiente, pois se tornou incoerente com os novos preços relativos. Reparem que a acusação de ineficiência, que estava na origem da argumentação, reaparece como efeito das políticas decorrentes dessa mesma argumentação. O diagnóstico legitima-se porque se desdobra em decisões que produzem a situação que havia sido diagnosticada antes.

O quarto mecanismo de constituição do chamado pensamento único é um pouco mais fluido. Um deles, que os jornalistas adoram, é o que podemos chamar de "pensamentos truncados". Um exemplo. Eles diziam: "Vamos privatizar a Telebrás." Nós dizíamos: "Esperem um pouco. Vamos analisar melhor". A resposta era mais ou menos assim: "O mundo mudou, logo temos que privatizar a Telebrás." A primeira afirmação é de uma obviedade extraordinária, pois o mundo muda sempre. Tudo se passa como se a obviedade da primeira afirmação se transmitisse por osmose para a segunda, sem nenhuma etapa intermediária. Quem era contra privatizar a Telebrás não reconhecia que o mundo havia mudado. Logo, era um desinformado, para dizer o menos.

Outra maneira de construir pensamentos truncados é abusar das metáforas, por exemplo a da economia aberta. Um tempo aberto é mais convidativo que um tempo fechado. Uma pessoa aberta é mais sociável que uma pessoa fechada. Uma casa aberta é mais arejada que uma casa fechada. Logo, uma economia aberta também deve ser melhor que uma economia fechada. Mas, de onde sai esse "logo"? A dicotomia aberto/fechado não funciona para o caso de uma economia, pelo simples fato de que ela nunca foi, e nem pode ser, nem aberta nem fechada. Ela tem que ser suficientemente aberta para otimizar o funcionamento do seu sistema produtivo, para interagir com o mundo, e suficientemente fechada para garantir o equilíbrio de seu balanço de pagamentos. Não existe o aberto e o fechado abstratos. Existe a análise da situação. Mas o pensamento único, por não ser pensamento, só gosta de afirmações do tipo "era fechado e ficou aberto". É uma besteira. Não era fechado, nunca foi fechado, e tampouco ficou aberto. Houve um diferente grau de abertura e uma qualidade nova de abertura. O que tem que ser discutido é se esse grau e essa qualidade são adequados ou não, ou seja, que grau e qualidade de abertura são adequados. Essa é a discussão que tem que ser travada. E não uma discussão formal sobre "aberto" e "fechado".

Tudo isso é um grande equívoco, é um mar de ideologia. Estamos diante de uma operação ideológica que contaminou fortemente a nossa academia e os nossos intelectuais. E que gera conformismo. Eis a função do assim chamado "pensamento único".

A MUNDIALIZAÇÃO E O BRASIL

Darc Costa*

A linguagem estrutura a natureza humana. Se há um fato, há um discurso. O fato é aquilo que se constata pelos sentidos, o discurso é aquilo que se manipula pela palavra. Todo fato tem uma versão, que resulta de um pensamento, que elabora um discurso. Dizem que nada pode mais atrapalhar uma boa idéia que um mau pensamento, mas também se diz que nada mais pode atrapalhar um fato que a versão do fato, ou o seu discurso. Mundialização é o fato, globalização é o discurso. Por isto, é fundamental distinguir entre mundialização e globalização.

A mundialização, o fato, é a interação permanente de culturas e de mercados e algo que começa efetivamente a acontecer, há pouco mais de 500 anos, com a descoberta, por Vasco da Gama, de um caminho marítimo para as Índias. Este fato dá início à mundialização e permite o que falsa e ideologicamente hoje se nomeia como globalização. A mundialização resulta de um projeto concebido e implementado no Portugal, que transita do medievo para o renascimento e é a culminância de um processo que envolveu o reconhecimento da África, a descoberta da América e do permanente acesso à Ásia pelos europeus. Desde então, a mundialização é um processo que crescentemente ganha passagem.

Contudo, o discurso hodierno, o discurso da globalização, não retrata, simplesmente, o fato da mundialização e sim busca impor uma dominação aos mercados e às idéias. Globalização é o discurso dos mercados centrais. Globalização tem sido a tentativa de venda de uma hegemonia ao mundo, a norte-americana, venda esta feita na busca da criação de um consenso em torno dos valores e da cultura desta mesma hegemonia.

Para apoiar esta colocação, analisaremos as duas vertentes centrais do estágio atual da mundialização, que são, no campo das idéias, a razoavelmente bem-sucedida iteração filosófica e a crescentemente malfadada tentativa de interação cultural; e no espaço dos mercados a dita globalização que se desdobrava na razoavelmente bem-sucedida chamada globalização financeira – até a atual crise financeira mundial –, e na conturbada tentativa da chamada globalização econômica.

---

* Engenheiro formado pela PUC-Rio e doutor pela COPPE-UFRJ, onde ministra cursos de estratégia nacional. Conferencista da Escola de Políticas Públicas e de Governo da UFRJ; e membro do corpo permanente da Escola Superior de Guerra, do Conselho Diretor do Centro Brasileiro de Estudos Estratégicos e do Conselho Editorial do jornal *Monitor Mercantil*. Atualmente, é vice-presidente do BNDES.

Cabe-nos, ao abordar a iteração filosófica, de novo apresentar algumas breves considerações sobre a questão da história das idéias. Desde que o homem existe, para ele se colocou a necessidade de realizar a cooptação da natureza para a sua sobrevivência. A forma original com que o homem realizou primitivamente a cooptação foi o trabalho, ou seja, o resultado da conjugação física do corpo humano com a natureza e que é, na verdade, a primeira e mais primitiva de mediação.

Desde que o homem se libertou, por alguns momentos, da sua luta implacável pela própria sobrevivência, do trabalho necessário para continuar vivendo, questões centrais de sua existência, digamos fundadoras, a ele se colocaram: qual a origem de tudo e de sua existência? Quem conduz o processo, o homem ou a natureza?

Questões que ainda permanecem, e que, permanecendo, mantêm aberto aos homens o caminho da filosofia. Desde o início deste questionamento, a primeira dessas questões teve no Absoluto uma explicação dogmática, o que fortalecia a segunda dessas questões, pois transferia para o homem ou para a natureza, para um ou para o outro, a representação desse Absoluto. A partir de então duas correntes se formaram: a dos que viam nos homens, ou no homem, o representante do Absoluto na condução do processo, e a outra, daqueles que viam a natureza com esta função.

Ainda é pelo Absoluto que se dá a primeira tentativa de iteração filosófica, que é a idéia trazida pela visão cristã de mundo, da igualdade de todos os homens perante a Deus. Antes da vinda de Cristo, os homens eram, irremediavelmente, divididos. Exemplos claros, deste posicionamento, eram as atitudes tanto dos hebreus, que se colocavam como povo eleito, quanto dos gregos, que não viam nos estrangeiros senão bárbaros, melhor dizendo, não-homens, e que na "pólis" grega só poderiam ter lugar subjugados, como escravos. A visão cristã de mundo criava a unidade horizontal dos homens, ao colocar a igualdade de todos os homens vivos perante o Absoluto.

O Renascimento, a época dos descobrimentos, do início da mundialização, trouxe consigo várias modificações na estruturação das questões primitivas e também alterou o modo de mediar, admitindo a ciência como uma nova forma de mediação e, portanto, de cooptação pelo homem da natureza. Sofisticava-se, também, no renascimento a dualidade posta entre o homem e a natureza, colocando-a, naquela época, como uma questão transfigurada: a dos que creditavam à ordem racional a condução do processo e a daqueles que a creditavam à lei natural.

A ordem racional resultava da elaboração construtiva do que aqui nomeamos de matemáticos filósofos, indivíduos que, lidando com a ordem na sua forma mais lógica, a ordem numérica, verificaram que o Universo, a natureza, era uma desordem, e onde o homem, conduzindo a marcha do processo de civilização, impunha, progressivamente, a sua ordem. Destes, alguns merecem destaque. O primeiro que destacamos é Descartes, que foi o primeiro pensador a organizar explicitamente a razão, em seu "Discurso ao Método" e a demonstrar que a linguagem numérica era uma forma de dar à natureza uma descrição naturalmente satisfatória. Outros muito importantes foram Leibnitz, autor do "Discurso da Metafísica" e Pascal, que, além de explicitar claramente um novo antropocentrismo – o homem ele colocava, de novo, no centro dos processos –, apresentou a unidade vertical do gênero humano, ao colocar que todos os homens, ao longo de todos os séculos, são o mesmo homem que subsiste e aprende sempre. Ao fazê-lo, fazia a integração vertical de todos os homens, os mortos, os vivos e os a viver. A base da iteração filosófica que inexoravelmente avança na mundialização se apóia nas idéias simples das unidades horizontal e vertical dos homens.

A ciência utilizada como instrumento, que demonstrava a supremacia do homem na condução do processo, sofreu várias contestações no campo das idéias, que fugiam à simples visão da já referida lei natural, mas que de certa forma a apoiavam, dentre as quais destacamos as de Kant, autor de obras importantes como as Críticas "da Razão Pura" e "da Razão Prática". Nestas obras, este filósofo buscava suplantar numa única posição tanto o materialismo de Descartes quanto o idealismo integral de Berkeley na explicação do conhecimento humano e concluía que as ciências só atingiam a superfície das coisas: os fenômenos; já a realidade, ou seja, a própria essência das coisas, escapava-lhes. Para ele, o pensamento humano era impotente para conhecer a coisa em si.

Entretanto, Hegel, para nós, o maior filósofo dos tempos modernos, recusou-se a ficar por aí. Estabeleceu que para ultrapassar a visão kantiana da impotência é necessário entender e aceitar que o pensamento humano é capaz de ultrapassar as contradições que lhe são apresentadas pelas ciências exatas e pelo simples bom senso. Para tanto, fazia-se mister não considerar o principio da contradição como princípio supremo da lógica. Precisava-se ir além e para ultrapassá-lo devia-se ter a certeza de que o mundo é, na realidade e em essência, uma unidade entre contrários. Acompanhando a idéia dessa unidade entre contrários, traz Hegel outra, que é a da permanente existência, em todos os processos – inclusive naqueles em que está o homem – de um contraditório, que se expressa através de uma tese e de uma antítese, posições estas que se digladiam em um equilíbrio instável, até que se processa uma ruptura, dando origem a uma síntese, que será uma nova tese e que buscará sua antítese...

A colocação que Hegel faz, traz presente uma permanente dinâmica em todos os processos, coloca a existência de uma permanente evolução em todos os processos, e conduz a certeza, que se apresenta, que cada dia traz em si um período novo. Essas visões ganham curso universal e seu sistema de pensar estrutura as bases da iteração filosófica. A filosofia ocidental com Hegel se articula em um sistema e se impõe dominante e definitivamente a outras formas de ver o mundo.

É verdade que o desdobrar da industrialização trouxe, ao final do século XX, a inserção de uma nova mediação. Esta é a razão central da justificativa de ser a nossa época um momento de mudanças. Não há mudanças nos paradigmas, como afirmamos antes. Mas há mudança pela anexação de uma nova mediação. Na medida em que a produção material imediata se mecanizava – fruto da revolução industrial – o trabalho vivo se distanciava da produção direta e o conhecimento objetivado naquele trabalho incorporava-se na produção direta como trabalho morto, congelado nas formas e movimentos dos sistemas de maquinaria. Surgiu então, em decorrência, uma nova mediação entre o homem e a natureza. E esta nova mediação, portanto, uma nova forma de cooptar a natureza, a informação, tornou-se o objeto imediato de trabalho de grande parte dos indivíduos.

Quando surgiu no início deste século, a indústria da informação distinguiu-se em três grandes ramos, pouco relacionados entre si: o de comunicações, o cultural (no qual predominam o cinema e o disco) e o quase sempre pouco observado segmento das máquinas de escritório (este, em si, baseado numa indústria metal-mecânica) que, ultimamente, com a digitalização tende a coordenar todo o processo.

A mudança na mediação transfigura-se na mal nomeada terceira revolução industrial, algo que repousa na digitalização da informação, que começa a partir do transistor e de outros inventos posteriores que exploram o princípio digital. Com a digitalização se tornou possível reduzir todo tipo de informação a uma seqüência indiferenciada de zeros e uns. Textos, sons e imagens viraram bits. As diferentes estruturas de rede de transmissão de dados, cada qual adaptada a um uso específico (telefonia para voz, radiodifusão para sons e imagens, telégrafo para texto, etc), tendem a dar lugar a redes que integram diversas formas de comunicação em uma mesma tecnologia digital básica. Aqui cabe a lembrança de que a história tecnológica da informação está ligada aos interesses políticos, militares e econômicos dos estados nacionais; a origem do semicondutor, neste aspecto, é paradigmática. Em seu desenvolvimento recente, o capitalismo transformou o processo da produção cultural. A produção cultural tornou-se, crescentemente, não distinta da produção industrial, e as indústrias culturais tornaram-se local de grande expansão e alta lucratividade. Hoje, está claro, estamos diante de uma terceira mediação. A mediação, hoje, não se dá só pelo trabalho e pela ciência mas, também, pela informação. A informação e a ciência são, no momento em que vivemos, os principais instrumentos, nesta ordem, com que conta o centro para exercer sua dominação na periferia. E isto compõe na essência as bases atuais da mundialização, no campo das idéias.

A cultura posta sob sua visão antropológica, ou seja, tudo que o homem faz, estabelece o espaço que separa o centro da periferia. Isto resulta da própria essência do contraditório do avanço da civilização que opõe a barbárie à cultura. Toda tentativa de imposição cultural é malsucedida A cultura se impõe por si, ela não pode ser imposta. Existe uma reação de dimensões, se não idênticas, maiores do que toda ação coercitiva. Assiste-se a toda tentativa de imposição cultural, um recrudescer do que classificam de fundamentalismo, ou seja, de volta radical às raízes culturais primitivas. Daí se explica todo o fracasso da interação cultural resultante da tentativa da imposição dos mercados centrais em gerar novos mercados à sua imagem e semelhança.

Cabe-nos abordar, também, aspectos da mundialização no campo dos mercados, a recém malsucedida globalização financeira e a tentativa de globalização econômica.

A chamada globalização financeira foi o resultado do rompimento unilateral, pelos Estados Unidos da América, das amarras do câmbio fixo estabelecido em Bretton Woods e a posterior inundação pelo dólar do mercado mundial, rompendo toda a ligação possível entre riqueza física e riqueza financeira. As conseqüências desta ruptura são várias, desde a imposição de um regime de flutuação entre o dólar, o iene, e o marco, o que conduziu a uma grande volatilidade nas correlações reais e nominais entre as moedas, até a perda de regulamentação das taxas de juros e a um novo agrupamento dos mercados financeiros, rompendo com sua antiga segmentação, uma ruptura radical em relação ao capitalismo pretendido em Bretton Woods.

Não há a pretendida globalização econômica, mas existe, sim, uma malsucedida globalização financeira. A frustração decorre do fato de que a globalização financeira foi acompanhada de uma maior volatilidade e de uma maior fragilidade do mercado financeiro internacional, o que acabou conduzindo a crise atual. Na opinião de todos os analistas, a emissão sem lastro do dólar e a criação de mercados financeiros transnacionais aumentaram em muito a incerteza e o risco sistêmico. Disto resultaram grandes variações, nos últimos anos, tanto nos mercados de ativos reais e câmbio, quanto nas taxas de juros, que, inexoravelmente, conduziu-nos à crise atual que ameaça romper, não só com o padrão dólar, mas com a própria ordem econômica mundial que havia se estabelecido com Bretton Woods.

Cabe aqui relembrar que a doutrina do nacionalismo econômico prega que, uma vez atingido o centro, deve-se ser liberal. Isto também explica o porquê do liberalismo atual. Acontece que nos encontramos diante de um novo fenômeno. Encontramo-nos diante de um centro compartilhado, mais que compartilhado, crescentemente disputado. Diferentemente do que nos está sendo vendido, do que vem sendo permanentemente colocado nos órgãos de informação, ao invés de estar ocorrendo uma globalização econômica, o que se verifica é uma crescente polarização econômica em torno de três pólos: Estados Unidos da América, Alemanha e Japão. Polarização que é comercial, que é produtiva, que é tecnológica. Como os três pólos continuam praticando a doutrina do nacionalismo econômico, o seu liberalismo resulta, não de convicção, mas, exclusivamente, do estágio de desenvolvimento que atingiram.

Isto é facilmente comprovado verificando-se qualquer lista que hoje apresente as 500 maiores empresas do mundo. Destas, 220 são norte-americanas, 120 são japonesas e 80 são alemães. São quase todas transnacionais, mas que não perderam suas características nacionais.

O desenvolvimento de tecnologia e as pesquisas das empresas transnacionais têm sido realizados através de uma estratégia comum e deliberada de privilegiar os países centrais, de preferência suas localizações de origem. O domínio da tecnologia é visto como a garantia do comando do negócio e encontra-se, portanto, sempre junto, fisicamente, das administrações centrais dessas empresas nos seus países de origem. Acresce-se a essa tendência de polarização tecnológica a implementação da nova estratégia militar dos Estados Unidos da América (EUA), que detêm, no momento, a predominância militar, o que acirrou a já natural polarização ou centralização no domínio das tecnologias nos pólos já relacionados, pois os países desenvolvidos, capitaneados pelos EUA, exercem rigoroso controle sobre a disseminação de informações sobre novas tecnologias, que nomeiam como "sensíveis", argumentando que elas podem vir a subsidiar intenções belicosas em países do terceiro mundo. Esse "apartheid" tecnológico tem inibido em muito o crescimento econômico e produtivo dos países da periferia.

Visto o fato da mundialização, vamos ao discurso da globalização, que é, explicitamente, como já foi dito, um discurso de dominação e objetiva, exclusivamente, apresentar o espaço como algo único e passível de uniformização. Assim sendo, o discurso da globalização busca simplesmente dominar os mercados e as culturas pela idéia do espaço único e não mais ligar diferentes espaços em busca da integração de mercados e de culturas. O que se vê hoje é, portanto, uma ideologia, a chamada globalização, revestida num único discurso. A atenção é toda dada ao espaço, como se a outra variável determinante no processo de avanço da civilização, o tempo, perdesse todo seu sentido. Este fato ainda é uma resultante da concepção filosófica trazida ao pensamento dominante, pela ruptura da quebra do conceito de simultaneidade, provocada pela teoria da relatividade. Como a velocidade tem um limite, o espaço é superior e delimitador do tempo. Para a dominação se exercer de forma plena basta o domínio do espaço, até mesmo o espaço da civilização, como pretende o discurso da globalização. Parecem esquecer que o tempo é a variável última da desordem natural; esquecer a luta eterna do homem pelo controle do tempo. E é aí que a globalização falhou e falhará.

Entretanto, o discurso da globalização vale-se da mediação da informação e a informação a serviço do centro tornou-se claramente um instrumento do discurso da globalização, portanto, de dominação. É assaz ingênuo insistir em que as antigas relações de dominação desapareceram. Elas apenas assumiram outras formas mais programadas e sofisticadas, mas se explicitam, claramente, no discurso da globalização.

Detrás deste discurso da globalização caminha uma ação que coloca que a produção tem que ser imediatamente consumo e o consumo tem que ser imediatamente produção. Uma ação que se vale claramente dos meios de comunicação, para organizar a sociedade, tanto para produzir quanto para consumir bens materiais, cada vez mais distanciados das necessidades humanas básicas (comer, dormir, vestir-se) e cada vez mais carregados de valores simbólicos, transformados em necessidades indispensáveis à vida social dita moderna. Este tem sido o espírito último da dita sociedade da informação, companheira permanente do discurso da globalização.

Dentro do discurso da globalização aumenta a divisão entre os ricos, informados, e os pobres, não informados – nacional e internacionalmente. Subinformação: este pode ser o novo nome para o subdesenvolvimento nesta nova etapa histórica da evolução da humanidade. Informação é poder. Informação econômica é poder econômico. Informação tem valor econômico, e a habilidade para estocar e processar certos tipos de dados pode dar a um país vantagens econômicas e políticas sobre outros países. A circulação da informação no mundo faz-se em sentido único, como uma corrente de notícias, dados, mensagens, programas e produtos culturais que vai quase exclusivamente dos países grandes para os pequenos, dos que detêm o poder e os meios tecnológicos para os que estão privados deles, dos países desenvolvidos para os países em desenvolvimento e, no plano nacional, do centro do poder para baixo.

O discurso de globalização acompanha o fluxo de dados e de informação em sentido único, o que vem potencializando em dimensões extraordinárias os processos de desqualificação dos povos periféricos, com a tentativa de supressão de suas expressões culturais.

Cabe explicar como se dá a dominação no discurso da globalização. A ação se dá no sentido de caracterizar a prevalência do consumidor sobre o cidadão. Um sistema político democrático não é o mesmo que um sistema econômico orientado pelo mercado. Um consumidor não é o mesmo que um cidadão. O objetivo do discurso da globalização é a criação do consumidor ideal.

Busca-se, em paralelo, o conjunto ideal de símbolos, de temas, de mitos e de estilos que formarão os arquétipos e os estereótipos que ditarão a moda. Há uma clara tentativa de transferir costumes dos dominantes para os dominados. Novos valores, novos símbolos, novos mitos, novos heróis. Dinossauros, tartarugas-ninjas e cavaleiros do apocalipse têm de ter curso universal. É fundamental substituir o sonho da periferia pelas imagens do fantástico. O discurso ao criar imagens alavanca, contudo, a globalização – uma falsa mundialização.

As transnacionais apóiam o discurso e financiam a propaganda e publicidade, alimentando os recursos para a dominação da mídia. Desejam a destruição do contraditório. Impõem pelo capital a ditadura de opinião e, o que é mais grave, convalidam a falta de espaço para a criação cultural alternativa no espaço dominado. Formulam a pesquisa de opinião como um instrumento de ética e justiça. Transformam a opinião média como padrão de cultura. Desejam o mundo diferente desde que seja igual e passível de dar escala máxima à sua produção uniformizada.

O discurso da globalização realiza, a exemplo do centro, o maior dos esforços no espaço universitário. No fundo de tudo, dentro do discurso da globalização se busca criar uma relação entre o papel de uma cultura, a norte-americana, e a posição particular de poder que a nação a que pertence essa cultura ocupa no cenário mundial. Há um perigo enorme nesse discurso da globalização. É o perigo do que nomeamos de monotonia cultural. A total predominância de um tipo de viver a vida, que é o norte-americano, ou de uniformização do mundo, segundo um padrão, também, norte-americano, parece repetir, em escala muito maior, o nefasto excesso de império praticado, há um século, pelos ingleses e de tão tristes conseqüências. É, portanto, extremamente relevante não só impor o contraditório no meio universitário, mas o controle do processo de informação para se fugir ao discurso da globalização.

Ainda hoje, a identidade nacional conta com um passado comum como forma de criar solidariedade; a identidade global não tem quaisquer lembranças para convocar a consciência formadora de um grupo. Não existe identidade global. Para se romper com esta questão e com outras que a cercam, para realizar a verdadeira mundialização, se fazem necessárias qualificações especiais, que só o Brasil possui, como veremos adiante, talvez, pela posição ímpar de herdeiro direto daqueles que a iniciaram.

Desta análise, resulta que:

i)- A mundialização é um processo em marcha e inacabado que não afetou ainda as relações primitivas. As relações centro e periferia continuam existindo e não houve mudanças nos paradigmas. Como vimos, a solução das questões sociais passa pela sociedade industrial e para isto necessita-se da solidariedade nacional e do conceito de nação;

ii)- No campo filosófico e cultural se faz sentir recentemente a importância de uma nova mediação na cooptação da natureza pelo homem: a informação, e tanto esta forma de mediar quanto a ciência têm cada vez mais sido utilizadas como instrumento de dominação;

iii) O discurso de globalização é um discurso de dominação; e

iv) Existe uma polarização econômica transfigurada de regionalização. O centro, hoje, exige escala e países pequenos, ou se unem em mercados maiores, em Megaestados, como é o caso da União Européia, ou estão fadados a se tornarem ou permanecerem periféricos.

O Brasil é o demiurgo da mundialização. Se há um princípio que sintetiza toda a concepção deste artigo, é a idéia de o Brasil ser o único artesão possível da verdadeira mundialização. Este é o nosso destino manifesto, algo que decorre naturalmente de nosso povo, o povo brasileiro, ser o único provido das mágicas necessárias a fazer o movimento de construção de uma única pátria humana. Faremos um rápido apanhado destas mágicas, pois nosso objetivo, neste capítulo, é só traçar o pano de fundo donde se desdobrará nossa estratégia nacional. Assim sendo, são as seguintes mágicas as mais relevantes que o povo brasileiro possui e que lhe possibilitarão executar a mundialização:

A mágica da antropofagia é a propriedade que possuímos no Brasil de apropriarmos, transformando, toda manifestação cultural exógena. Poder-se-ia iniciar a explicação desta capacidade que detemos, como o resultado da arte que desenvolvemos de adaptar valores e técnicas européias aos trópicos, em geral. Contudo, esta seria uma explicação muito pobre. A nossa antropofagia, que é uma característica ímpar, já que nenhum outro povo a detém, pelo menos em tal grau, e tem sua origem na gênese da nossa cultura dominante: a cultura portuguesa. Essa se constituiu na paciente e progressiva assimilação dos iberos, dos ligúrios, dos celtas, dos fenícios, dos gregos, dos cartagineses, dos romanos, dos suevos, dos godos, dos judeus, dos mouros e dos cruzados franceses e ingleses. Este progressivo amálgama dotou os portugueses dos elementos necessários a processar o diferente, a torná-lo o igual, quando não o comum. Foi assim na constituição da cultura brasileira. A assimilação de outras culturas mais puras, como as diversas culturas africanas e ameríndias, foi algo fácil para a experiente cultura portuguesa que se transfigurava em brasileira. A capacidade de deglutir, de adaptar, de transformar de forma criativa e criadora o que lhe é apresentado, ou lhe é imposto, constitui-se no maior patrimônio do povo brasileiro. Tudo se faz sem perder o espírito empreendedor e mercantilista do fenício, do cartaginês e do judeu, da cultura dos gregos, das instituições e da linguagem dos romanos, da cultura material dos mouros, da aptidão manual do africano, do contato com a natureza do ameríndio. No Brasil, nada se perde, tudo se transforma em algo que se utiliza. No futuro, ser mundializado é ser antropofágico.

A mágica do passado comum é a característica que detemos, no Brasil, de ver o estrangeiro presente como se fosse eu, entre nós, e não um tu, entre nós. O estrangeiro que reside no Brasil não sofre o distanciamento nem a discriminação do estrangeiro. Este é um fenômeno do século XX. Nem sempre foi assim. Logo após a independência, o estrangeiro era discriminado. Se português, o antigo dominador, era espezinhado. Aos demais o choque cultural era total. Contudo, os fluxos migratórios do final do século XIX e deste século retiraram do português seu ranço de dominador e dos demais suas características exóticas. Ao estrangeiro hoje é dado o passado comum. Ao natural de outro país que se estabelece no Brasil lhe é incentivado, mais que permitido, participar na cultura e nos eventos nacionais. Aliás, sua cultura se incorpora como nossa. Ao compararmos o tratamento obtido no Brasil, pelas imigrações européias do início do século XX, com o tratamento encontrado, exemplificando, nos EUA, marcaremos bem esta diferença. Não existe no Brasil a figura do teuto-brasileiro, mas, existe nos EUA a figura do teuto-americano. Não existe no Brasil a figura do ítalo-brasileiro, mas existe nos EUA a figura do ítalo-americano e assim por diante. A mágica do passado comum dilui as nacionalidades pretéritas e as coloca submetidas à nacionalidade brasileira. Só existe aqui no espaço Brasil uma nacionalidade única: a brasileira. A mágica do passado comum transforma a sociedade brasileira em uma sociedade absorvente, capaz de no futuro ser a própria sociedade mundial.

A mágica da mestiçagem é a propriedade que nós temos de deter diferentes graus de morenidade. Esta é uma valiosa qualidade do Brasil. Sobre este tema, sobrepujando o pessimismo das gerações anteriores, que se julgavam condenadas ao malogro, pela sua condição de partícipes de um país sem futuro, em decorrência do caráter mestiço de sua população, vem, e ao longo de todo o século XX, se sucedendo, desde a descoberta antropológica de nosso país feita, principalmente, com Gilberto Freyre, um orgulho, uma confiança e um arrebatamento expresso pela certeza das vantagens que a completa mestiçagem proporciona, na arena mundial, ao povo brasileiro. Fez-se com Gilberto Freyre a descoberta, nesta parte do mundo, de que não há raças capazes ou incapazes de civilização. Mais do que isto: fez-se a constatação de que toda a trama da história resulta de um processo de fusão e que o Brasil é em si o próprio espírito divino da fusão criadora. O Brasil se constituiu em seus primórdios de europeus – principalmente portugueses e holandeses –, ameríndios e negros. Mais recentemente, de portugueses, italianos, espanhóis, alemães e outros europeus e de japoneses, formando em seu território, de início, vários grupos étnicos. Dos europeus, os de maior influência e número foram os portugueses, que não traziam a mística da pureza da raça. Todos esses grupos desde seu estabelecimento vêm se interpenetrando, como resultado de um fenômeno novo, em escala mundial, que é o elevado grau de mobilidade social da sociedade brasileira, quer mobilidade vertical quer mobilidade horizontal. Tudo isto favorece um aparecimento, nesta parte da América, de uma democracia plena, no sentido real da palavra, onde não se estabelecem preconceitos, onde o mérito pessoal supera não só possíveis colocações de natureza étnica, como as de classe, e onde se maximiza a afirmação dos talentos e se potencializa a utilização das diversas possibilidades. Esta forma de ver o mundo é o simétrico do que se coloca no centro, já que para nós a miscigenação é regra e a discriminação é exceção. Para o centro, sejam norte-americanos ou europeus, nestes excluídos os ibéricos, em especial, os portugueses, se dá o contrário, a discriminação é regra e a miscigenação é exceção. A sociedade brasileira é cada vez mais miscigenada caminhando para ser homogênea. Isto por que seus vários grupos raciais tendem a pertencer à mesma civilização e a ter o mesmo imaginário e a mesmas idéias fundadoras e fundamentais, independente de sua pigmentação ou da forma de seu rosto ou de seu nariz. Esta mágica da mestiçagem é, como foi afirmado, um valioso atributo, pois nos permite inserir a todos em nosso contexto e nos sentirmos partícipes na elaboração do novo contexto da mundialização. A mágica da mestiçagem transforma hoje o Brasil e amanhã transformará o mundo no espaço de todas as raças.

A mágica do sincretismo é a completa permissividade religiosa, algo que no mundo não tem a dimensão que adquire no Brasil. Este é ainda o maior país católico do mundo, mas não é um país dominado pela mística católica, nem pela santidade. Não tem santo. O catolicismo se expressa no Brasil muito mais pelas suas manifestações externas, pelo correr de um calendário permanente de procissões e de festas populares, do atuar da Igreja na vida política, apoiando os governos, ou conspirando contra eles, quando não o faz de forma concomitante. Com este catolicismo caminha, juntos, o espiritismo, o candomblé, a quimbanda e mais recentemente os ritos evangélicos protestantes. Tudo isto se mistura num caudal de fé e de credos por onde trafega a mais plena tolerância religiosa e o mais claro sincretismo religioso. A maioria dos brasileiros esposa, no decorrer de sua vida, mais de uma fé. Este sincretismo aceita, se não incentiva, outra forma de haver místico, ou de entender a origem e o destino dos homens, que se conceitua como esoterismo, forma pretensamente premonitória de futuro, como a astrologia, o tarô e os búzios. Tudo isto convive. Tudo isto se aceita e se incentiva. Como prova recente deste sincretismo podemos colocar a forte e não combatida penetração de um neo-evangelismo, que nada mais é do que um aspecto sempre presente da religião no Brasil e decorrente de uma influência ameríndia, a religiosidade terapêutica – capaz de curar bicho e gente – transfigurada por um rigor moral radical. Ainda, aqui, existem outras formas de religiosidade, porém, mais enclausuradas nos seus círculos etnológicos e incapazes de trafegar tão desenvoltas, como o judaísmo, o islamismo e o budismo. Contudo, essas outras formas muitas das vezes compõem fontes, que alimentam o já extenso caudal da religiosidade. Nós detemos no Brasil a fé universal, esta é a mágica. A mágica de ter aquilo que todos em todas as partes sempre acreditaram e sempre acreditarão.

A mágica dos trópicos reside na construção de uma civilização que agregue aquilo que a natureza tem de mais pujante e agressivo. Os trópicos. Nisto, papel importante têm as três raças constitutivas do povo brasileiro. Em primeiro lugar, os portugueses, que, diferentemente dos demais europeus, ao se defrontarem com os trópicos não o fizeram com espírito de superioridade. Sempre buscaram adaptar seus valores e técnicas ao novo espaço de cooptação. Nunca buscaram impor sua cultura. Ela se impôs pelo seu valor, não por coação. Os portugueses, diferentemente dos demais europeus nos trópicos, bem como seus descendentes no Brasil, muitas vezes repudiaram as soluções européias, adotando outras tropicais. Em segundo lugar, o ameríndio, que nos trópicos americanos é um ser agreste que formulou uma cultura primitiva, porém, própria e apropriada à sua terra de origem, seu "habitat", seja ela cultura de floresta ou cultura de agreste. Em terceiro lugar, mas, talvez, até mais importante do que as que os precederam, o negro africano e seus descendentes, muito mais habilitados, por séculos de adaptação aos rigores climáticos dos trópicos e pela permanente contestação que exerceram à natureza nas selvas, nas savanas e nos desertos africanos. Quem dominar o trópico dominará o mundo, mundializará.

A mágica da tolerância que pode ser colocada como cordialidade, como subserviência, como humildade, e até mesmo como impotência, mas que é exclusivamente tolerância com o diferente, com o estranho, com o incomum, com o inusitado. Tolerância que se coloca no dia a dia de nossa existência e de que tanto se beneficiam os que disso sabem.

A mágica da transcendência que é a de pairar sobre todas as outras mágicas unificando-as em uma só e sendo um aceite a tudo e a todos. A civilização que está se constituindo no Brasil se caracteriza pela sua transcendência. Há uma transcendência na unidade que se organiza dentro da dualidade posta pelos europeus de ver a civilização brasileira ora como inferno, ora como paraíso. Há uma transcendência, por ser uma civilização mais direta e mais participativa. Há uma transcendência, por incorporar novos valores, por ser além do que européia, por ser ameríndia e por ser africana. Há uma transcendência, por sabermos ser periféricos, mas não vermos isto como problema, mas, sim, como desafio sempre como sonho, como aventura.

Devemos nos orgulhar e glorificar nossos valores, nossa tolerância, a brandura de nossos costumes, o nosso eclético venerar, o acolhimento afável, que concedemos ao que vem do estrangeiro, o nosso ser tropical, a alegria simples que nosso povo tem mesmo na miséria, e um certo "savoir vivre", que jamais perdemos nas piores circunstâncias e cuja visão e conhecimento deixam perplexos e atônitos qualquer estrangeiro. Do Brasil se tem uma mensagem única de esperança: o sinal que a inteligência humana é capaz de saltar por cima das adversidades e se integrar na compreensão do universo total. Somos diferentes e somos especiais. Nós fomos, somos e seremos a mundialização. Este é o nosso destino manifesto.

Contudo, este destino está sendo confrontado na primeira década do século XXI, em nosso imaginário coletivo, pelo resultado do discurso da globalização. Os Estados Unidos da América abandonaram o fomento ao discurso da globalização. Por serem pragmáticos verificaram que a venda do discurso não estava sendo bem-sucedida. Os custos das sucessivas crises econômico-financeiras que pipocavam em todo mundo com a globalização acabavam dilapidando os bolsos do contribuinte norte-americano. Os movimentos contra a globalização cresciam em toda as partes do mundo. Para eles era necessário mudar. O início do século XXI assistiu à inflexão do discurso e da ação dos Estados Unidos da América. Da venda de uma hegemonia que buscava, desde a queda do muro de Berlim, o consenso vigente e atuante durante toda a década de noventa do século XX, os norte-americanos passaram para a imposição de uma hegemonia que eles viam crescentemente contestada. Criaram a Doutrina Bush.

Contudo, o discurso da globalização nos deixou esporos que atacam as mágicas, que nos possibilitam construir a mundialização. Há um choque claro entre o sonho de Brasil e os resíduos da globalização. Assim sendo, as nossas mágicas vêm sendo contestadas nestes choques.

É o caso, por exemplo, das cotas raciais. A questão no Brasil nunca foi racial, sempre foi social. O que difere o Brasil de outros espaços onde os europeus encontraram outros povos é que no Brasil a miscigenação é regra, a discriminação é exceção, enquanto que nos demais espaços acontece o inverso. Quem aqui nasce ou mora sabe disso.

É o caso da perseguição política que se tem veladamente colocado ao neo-evangelismo.

É o caso da violência que vem na frente das manifestações culturais e na mídia televisiva da cultura hegemônica.

Aqui reside agora o desafio brasileiro. Contestar e subjugar este discurso de desconstrução. Continuar sendo Brasil e não mergulhar perifericamente no imaginário norte-americano.

O desafio brasileiro é o de preservar sua própria identidade. Para tanto é preciso ter claro que o Brasil, é um país mestiço, não é um país multirracial; que o Brasil é um país sincrético, não é um país plurirreligioso; que o Brasil é um país que olha para o futuro e que não se fixa no passado; que o Brasil é o espaço da tolerância e não o resultado da intolerância; e que se continua no Brasil a se transformar aqui o exógeno em novas formas de endógeno, porque neste espaço se transcende.

Os Estados Unidos da América resultam do transplante de imaginários europeus, em especial do imaginário das ilhas britânicas, para o Novo Mundo. Isto não tem nada a ver com o Brasil, que é a construção de um novo imaginário, base para uma nova civilização. O Brasil se propõe a criar uma nova, os Estados Unidos a dar vida a uma velha civilização. O novo tem de transformar o velho para se fazer novo e não o velho transformar o novo para se fazer novo, pois ele sempre será velho. Aqui está a questão!

Referências Bibliográficas

BASTIDE, Roger. *Brasil Terra de Contrastes.* São Paulo: Difusão Européia do Livro, 1973.

BERRY, B. "Review of B.M. Russet's International Regions and the International System", *Geographical Review 59,* 450-451, 1969.

CALLEO, D. P. *The Imperious Economy.* Cambridge: Mass.: Harvard University Press, 1982.

FICHTE. *O Estado Comercial Fechado.* Paris: apostilha da tradução francesa, 1940.

FOUCAULT, M.. *Power/Knowledge.* New York: Parthenon Books, 1980.

FREYRE, Gilberto. *Novo Mundo nos Trópicos.* São Paulo: Companhia Editora Nacional, 1971.

FRIEDMAN, G.; LEBARD, M.. *EUA X JAPÃO: Guerra à Vista.* Rio de Janeiro: Nova Fronteira, 1991.

FUKUYAMA, Francis. "The End of History ?", The National Interest, number 16 (Summer 1989), pp 3-18.

FURET, François. *Pensar a Revolução Francesa.* Lisboa: Edições 70 Lda, 1989.

GADDIS, John Lewis. *Strategies of Containement: A Critical Appraisal of Postwar American National Security Police.* New York: Oxford University Press, 1982.

GILPIN, R. *The Political Economy of International Relations.* Princeton, N.J.: Princeton University Press, 1987.

GONÇALVES, Reinaldo. *O Abre Alas A Nova Inserção do Brasil na Economia Mundial.* Rio de Janeiro: Editora Relume Dumará, 1994.

GRAMSCI, Antonio. *Concepção Dialética da História.* Rio de Janeiro: Editora Civilização Brasileira S.A, 1995.

HEGEL, G.W. F. *Introdução à Filosofia da História.* Rio de Janeiro: Editora Tecnoprint, 1986.

KISSINGER, Henry. *Diplomacy.* New York: Simon and Schuster, 1994.

LANDES, David S. *Prometeu Desacorrentado.* Rio de Janeiro: Editora Nova Fronteira, 1994.

LANDES, David S. *Riqueza e a Pobreza das Nações.* Rio de Janeiro: Editora Campus, 1998.

LIPPMANN, Walter. *U.S. Foreign Policy: Shield of the Republic.* Boston: Little, Brown, 1943.

LIST, F. *Sistema Nacional de Economia Política. Coleção Os Economistas.* São Paulo: Abril Cultural, 1983.

LODGE, J. *The European Community and the Challenge of the Future.* London: Pinter, 1993.

MORGENTHAU, Hans J. *In Defense of the National Interest: A Critical Examination of American Foreign Policy.* New York: Knopf, 1951.

NIEBUHR, R.; HEIMERT A. *A Nation so Conceived.* New York: Charles Scriber's Sons, 1963.

NYE, J. S. JR. *Bound to Lead: The Changing Nature of American Power.* New York: Basic Books, 1990.

SCHUMPETER, J. A. *History of Economic Analysis.* New York: Oxford University Press, 1954.

SCHWEIZER, Peter. *Victory.* New York: The Atlantic Monthly Press, 1994.

SPYKMAN, Nicholas J. *America's Strategy in World politics: The United States and the Balance of Power.* New York: Harcourt, Brace, 1942.

STRANGE, S. *States and markets.* New York: Basil Blackwell, 1988.

TAYLOR, G. H. *Economics and Liberalism, Collected Papers.* Cambridge: Harvard University Press, 1955.

TOURAINE, Marisol. *Le Bouleversement du Monde Geopolitique du XXIe Siécle.* Paris: Editions du Seuil, 1995.

ANOS 90 - GLOBALIZAÇÃO E O DESAFIO BRASILEIRO

Carlos Lessa*

Tentarei explorar um ângulo diferente em relação ao tema que foi proposto, "Globalização e o Desafio Brasileiro". Não vou apreciar a globalização nem do ponto de vista teórico nem do ponto de vista histórico. Tentarei me concentrar um pouco mais na idéia de uma possível resposta brasileira ao desafio colocado por ela e que, a meu juízo, só pode ser construída se nós conseguirmos enfrentar duas perguntas: temos condições ou não, do ponto de vista histórico-estrutural, de construir e lançar mão de salvaguardas? Quais são as nossas salvaguardas em relação a uma alternativa da globalização e às tendências do espaço mundo?

Começo chamando a atenção para alguns aspectos: a essa altura, vinte anos depois de iniciado o chamado processo de globalização, ninguém tem, e nem pode ter, dúvida de que o Brasil não é um espaço relevante para as tendências em curso no mundo. De qualquer maneira, nós ocupamos hoje uma posição certamente mais periférica do que a posição que ocupamos no século XIX, na qual fomos supridores da economia mundo.

As pessoas tendem a identificar no café apenas um produto-sobremesa. Mas não foi. Foi o quarto produto no comércio mundial de 1850, porque era o alimento energético utilizado por um mundo que se urbanizava por força da revolução industrial. De maneira absolutamente inequívoca, num intervalo que vai entre a primeira e a segunda guerra mundial, e, de maneira absolutamente clara, nos quinze anos pós-segunda guerra mundial, o Brasil foi extremamente importante para o desdobramento e reorganização do espaço no mundo. Isso porque foi, na periferia mundial, a primeira economia que assistiu a um desbordamento da competição das grandes empresas multinacionais antes locadas no centro. O nosso plano de metas, o sucesso da instalação de um complexo metal-mecânico podem ser lidos de diversas maneiras, porém as duas grandes americanas da indústria automobilística, a Ford e a General Motors, só vieram para o Brasil porque este negociou com habilidade, e usando

* Reitor da UFRJ, quando do Ciclo de Palestras; Professor titular de Economia Brasileira do Instituto de Economia. Foi Professor da Formação de Diplomatas do Instituto Rio Branco, dos Cursos Intensivos de Treinamento dos Problemas de Desenvolvimento Econômico da CEPAL/ONU, da Sudene, do ILPES/ONU, do Instituto para Integração da América Latina (INTAL/BID - Buenos Aires), e do Curso de Pós-Graduados da Escola Latino-Americana do Instituto de Economia da Universidade do Chile. Atualmente, é presidente do BNDES.

o grande trunfo que era o mercado brasileiro potencial. Com a vinda da Volkswagen e da Mercedes, criou-se uma abertura forçando a Ford, a General Motors e a Scania a aceitarem as regras do processo de transposição do complexo metal-mecânico, o que significava dizer que nós tínhamos algo importante para negociar na arena mundial naquele momento. Hoje, cada vez temos menos a negociar numa divisão centro-periferia e, quase me forçaria a dizer, cada vez nós somos menos relevantes para a organização mundial.

Aos que eventualmente julguem isso um exagero, cabe fazer uma referência ao caso patético e patológico de irrelevância da Argentina que, hoje, é inteiramente marginal para o jogo do centro mundial. Seguimos a trilha. A primeira coisa que quero chamar a atenção é, pois, para a nossa irrelevância. Ao mesmo tempo, chamo a atenção para a nossa imensa vulnerabilidade. Hoje, pelas redes instantâneas de articulação da circulação financeira internacional, o que acontece dentro do jogo financeiro mundial repercute de uma maneira absolutamente grave sobre o desempenho do país, para bem ou para mal. As repercussões são praticamente instantâneas e automáticas. Essa é uma sensibilidade geral às redes financeiras que foram constituídas no espaço do mundo. Porém, o que acho particularmente importante como dimensão de vulnerabilidade é algo que eu colocaria como uma restrição imposta pelo jogo do centro a qualquer veleidade de crescimento na periferia.

Apenas para informação, está em curso no mundo, de maneira absolutamente inequívoca, uma forte deflação que é acompanhada de um quadro de estagnação relativa. Esse fenômeno começou, na verdade, com a economia japonesa. Hoje é um fenômeno absolutamente inequívoco na própria economia norte-americana. Entre os anos 2000 e 2002, o valor patrimonial das sociedades anônimas americanas encolheu em treze trilhões de dólares. Somente a perda de ativos diretamente negociados por fundos nas grandes bolsas americanas soma mais de dois trilhões de dólares. Podemos fazer qualquer esforço para pensar o que é um trilhão de dólares, mas não conseguiremos. É uma magnitude que escapa à inteligibilidade de qualquer periférico, mas eu ouso crer que é, também, uma magnitude que escapa à própria reflexão no centro. Na verdade, houve uma imensa bolha especulativa que inflou a riqueza a níveis absolutamente estratosféricos e, de certa maneira, num momento reverso e cíclico, essa bolha murchou acompanhada de fenômenos que no centro são absolutamente inquietantes. Não é nada trivial nem irrelevante que tenham sido detectados desvios de conduta, mentiras fundamentais nos balanços das grandes corporações. De fato, o quadro é pontilhado por uma sucessão de fraudes que envolvem inclusive as empresas que garantem a idoneidade dos próprios balanços. É particularmente grave que, por exemplo, a "*Tolerance*" tenha sido enredada dentro do mesmo processo. Isso para a verdade puritana que sustenta o grande jogo é algo como minar os próprios fundamentos. Num cenário de deflação mundial que assume características realmente inquietantes, é emitido, ao mesmo tempo, um sinal muito forte para que a periferia se mantenha articulada nesse jogo central e seja obrigada, necessariamente, a expandir os elementos e as extratividades internas para colagem do seu próprio passivo externo. Assim, é obrigada a elevar a taxa de juros e, ao mesmo tempo, operar uma política de contenção e contração do gasto público, criando um superávit fiscal, em conta-corrente, que vai crescendo em relação ao produto interno bruto. Hoje, no mundo, nós temos a duvidosa honra de ser o país que faz, proporcionalmente, o maior superávit fiscal, de conta-corrente, em relação ao produto interno bruto. Para manter uma entidade dominante chamada mercado, o Brasil é obrigado, de um lado, a colocar a taxa de juros real num nível excessivamente elevado, que retira a rentabilidade e, praticamente, qualquer decisão de investimento privado que não seja uma redução dos custos salariais, dos custos do trabalho e, por outro lado, a praticar uma política que sufoca toda e qualquer possibilidade de realização de gasto público adicional, porque a realização deste entra em conflito em relação à prioridade fundamental que é o serviço da própria dívida pública interna, por sua vez realimentado por essa construção de uma taxa de juros extremamente elevada. A nossa irrelevância não nos obriga e não nos dispensou, pelo menos, até o momento, de depositar no altar deste cenário mundial, que suponho duvidoso, um esforço que representa, em última instância, o não crescimento do país. Com efeito, o Brasil terminou a sua segunda década de não-crescimento.

Os jornalistas batizaram a primeira década como a década perdida. A taxa média de crescimento da década perdida foi superior à taxa média da última década – que chamo de "fernandécada". Não cobro direito autoral, mas fico sempre me perguntando qual é, probabilisticamente, a possibilidade de uma nação de 170 milhões de habitantes repetir o mesmo nome de presidente durante dez anos. O Collor e depois o Fernando Henrique. O mais impressionante é que isso gerou uma onda de imitação que reproduziu inclusive na Argentina um Fernando, o Fernando De La Rua. Fiquei tão assustado quando descobri a "fernandécada" que comecei a recomendar a todos os meus amigos que fizessem um senso dos Fernandos no seu ciclo próximo e, se identificasse algum com proteção política, colocasse para ele a seguinte alternativa: ou iria ao registro civil e trocaria de nome, ou então ele deveria ser exterminado para evitar uma nova década perdida. O fato é que a "fernandécada" teve uma taxa de crescimento inferior à da década perdida. Já há vinte anos o país praticamente não cresce, e estamos rigorosamente presos a uma armadilha que é paralisante em nome do mercado, ou seja, em nome de uma vulnerabilidade, cuja única conseqüência é não crescer. Não é necessário ser um macroeconomista muito sofisticado para concluir que com esse nível de taxa de juros o investimento privado fica circunscrito a poucas nichos em que nós nos inserimos. Por outro lado, e ao mesmo tempo, o que passa fora apresenta probabilidades, algumas das quais, altamente assustadoras. Eu não vou visitar de novo a morte lenta e anunciada que é uma sociedade com 170 milhões de pessoas permanecer por mais uma ou mais décadas sem crescer. Isso simplesmente leva a uma desconstrução de relações fundamentais que sustentam o nosso próprio corpo social. É previsível um quadro dantesco na projeção de um cenário onde, para a juventude, o nível de esperança, de inserção, é nulo; e para os idosos, o nível de insegurança em relação ao amanhã é ascendente. Seria uma sociedade, em última instância, impregnada de medo. Acredito que a corrupção seja uma dimensão derivada e acho que estamos conseguindo colocá-la à vista. É positivo, mas, sem dúvida nenhuma, é devastadora a idéia de não ter futuro, não ter amanhã, não ter sonho. Os psicanalistas costumam dizer que quinze dias sem sonhar levam a pessoa a um quadro clínico assustador. Então as nações também não podem ficar sem sonhar durante décadas consecutivas. Fora desse processo lento, corrosivo, desagregador, há um outro processo, tão assustador ou mais, que é o cenário mundial, um cenário tendente à desregulação. O cenário que existe na Ásia Central promete qualquer coisa. Se eu quisesse fazer uma brincadeira um pouco assustadora, poderia supor que, por razões que estão ligadas desde a economia do petróleo até a questões internas da sociedade norte-americana, sai a guerra do Iraque. Suponham que o Saddam Hussein tenha tido alguma competência e tenha minado, de fato, os seus campos de petróleo. Suponham que haja uma certa resistência no Iraque, ou seja, que em três, quatro dias haverá apenas uma explosão dos preços do petróleo, uma desordem no sistema de preços internacionais, porém rapidamente esse sistema se ajustará. Pressuponham que o processo dure quinze ou vinte dias e que tenha uma emanação sobre a Arábia Saudita, ou seja, uma emanação geopolítica em que haja uma instabilidade crescente no país. Aliás, todos os analistas internacionais estão sinalizando riscos crescentes na Arábia Saudita. Se o petróleo da Ásia Central ficar comprometido por essa aventura, a economia chinesa, a economia japonesa e a economia européia vão literalmente para o espaço. Não têm condições de funcionar sem esse petróleo. Os EUA ficam mal também, porque hoje eles só produzem 50% do petróleo que consomem. Os outros 50% vêm, em sua maioria, da região do Caribe, mas tem uma percentagem que vem da Ásia Central. A desordem dos preços, a desorganização dos processos produtivos, a ruptura das cadeias produtivas para um conflito na Ásia Central ampliado que tenha uma duração, digamos, de mais de duas ou três semanas é um cenário absolutamente assustador, mas perfeitamente plausível. Não há nenhuma segurança de que esse cenário esteja jogado apenas para exercício de fantasmagoria. Ele está no terreno do bastante provável. Eu resumiria, dizendo: um país chamado Brasil, ante esse quadro, é cada vez mais periférico e, ao mesmo tempo, e, paradoxalmente, cada vez mais imobilizado e vulnerável.

Para pensar as implicações disso, farei um comparativo com a Argentina, que nos fornece um magnífico exemplo da base das questões de que quero tratar. Diria que a Argentina está hoje numa situação que demonstra à saciedade a sua absoluta dispensabilidade para o grande jogo. Há mais de um ano a Argentina não recebe a liberação de nenhum recurso de amparo nem dos organismos financeiros internacionais, nem do governo do império. Apoio à Argentina é zero. As recomendações à Argentina têm sido de ampliar o superávit fiscal primário, ou seja, avançar na desconstrução de um setor público que, hoje, já está praticamente destruído, e recompor a verdade patrimonial dos bancos que lá estavam. Isso significa, em última instância, restaurar uma conversibilidade e alguma paridade cambial certamente muito avançada em relação à queda anterior, na crise. Porém, de qualquer maneira, voltar a permitir que a rede opere com tranqüilidade transações cambiais – o que também é inteiramente irrelevante, porque literalmente a Argentina não tem mais nada para vender para o jogo financeiro internacional. Todos os ativos públicos argentinos foram transferidos à propriedade privada e, em sua imensa maioria, foram desnacionalizados.

Quem tem ido à Argentina recentemente encontra, por exemplo, entre o aeroporto de Ezeiza e Buenos Aires, num trecho de uns 20 quilômetros, quatro pagamentos de pedágio. Sendo que, em Buenos Aires, existe uma avenida que já tem pedágio. E as empresas argentinas, praticamente, ou foram sucateadas, desmanteladas, ou foram transferidas para controle externo. Uma das últimas que existia foi comprada pela nossa Petrobras. O que sobrou na Argentina? Terra agrícola? Nem terra agrícola, por incrível que pareça. George Soros é o maior proprietário de terras hoje no pampa úmido argentino e a Patagônia argentina, em grande parte, é propriedade de grandes milionários do mundo por razões que estão ligadas à beleza ecológica, à tranqüilidade do lugar e coisas parecidas. Claro que a Patagônia não serve para coisa nenhuma, mas o pampa úmido sim. Então aconteceu uma coisa: o que os argentinos tinham, os argentinos venderam. Mas não têm como remunerar os ativos de propriedade estrangeira na Argentina por uma razão muito simples: o mundo não compra nem trigo, nem carne na Argentina. Porque o trigo é preferencialmente o trigo americano e a carne hoje se converteu numa mercadoria que é produzida em praticamente todos os países de clima temperado do mundo, a partir do gado que é alimentado com rações e as rações não são exportação argentina. Por aí entram países tão surpreendentes quanto a Tailândia, que é o maior produtor mundial de ração de mandioca, que é fundamental para pecuária de corte estabulário européia. Os grandes produtos agrícolas argentinos em torno dos quais, historicamente, a Argentina se apresentou ao cenário internacional, hoje não têm mercado. Simplesmente o que está acontecendo é que os ativos estrangeiros na Argentina estão virando pó. Por exemplo, George Soros, que tem 140 mil hectares da melhor terra do pampa úmido, perdeu em dólares 90% do que investiu. Não quebra, porque isso foi pontinhos no seu balanço patrimonial. Mas, literalmente, não vale nada. Quem esteve lá sabe que Buenos Aires, hoje, está literalmente e inteiramente à venda. Andando nas ruas é impressionante como mais da metade das lojas estão fechadas e não há edifício que não tenha cartazes escritos "Vende-se". Só que não tem comprador. Inteiramente irrelevante. Outros países do mundo são irrelevantes ou foram convertidos em irrelevantes, mas converter a Argentina em irrelevante é realmente algo que tem um valor pedagógico enorme, porque se nós remontarmos à história da Argentina, vamos encontrá-la um século atrás com uma renda per capita levemente inferior à inglesa. Vamos encontrar a Argentina como a experiência mais prodigiosa de desenvolvimento agrícola no cenário da segunda revolução industrial. Mesmo hoje, se olharmos a Argentina, ela continua tendo uma base agrícola absolutamente excepcional: ela pode produzir todos os grãos, todas as proteínas, todas as frutas, todas as gorduras, tem todos os climas, tem bom vinho, todos os alimentos. E a infra-estrutura é também maravilhosa porque, como é um país plano, a Argentina estabeleceu uma rede ferroviária excepcional. Hoje ela está um pouco enferrujada, mas está lá. E tem um sistema rodoviário construído também com muita facilidade. Tem energia, pois a mãe natureza deu à Argentina petróleo, hoje um pouco depredado por uma exploração um pouco tecnicamente malfeita. E lhe deu também nas Cordilheiras dos Andes imensas fontes de energia hidrelétrica. A Argentina não tem problema hidrelétrico, não tem problema de transporte, de produção agropecuária. A indústria argentina inteira dançou, praticamente desapareceu, mas tem um povo que é, por qualquer padrão educacional, muito mais avançado que o brasileiro. Tem uma escolaridade, em média, muito maior do que a brasileira e uma taxa de analfabetismo muito menor que a brasileira. Todos aqueles que adoram falar de educação e crescimento econômico deveriam olhar o caso da Argentina para perceber que não é bem por aí. Pode-se ter um povo extremamente bem-educado, que é o caso da Argentina, e isso não é nenhuma garantia de progresso. Hoje a ciência argentina está um pouco machucada, mas é de alta qualidade. E a medicina argentina é espetacular, especializou-se em fornecer médicos-residentes para hospitais americanos. Ela é uma maravilha do ponto de vista educacional e cultural pelo povo extremamente bem preparado. Um povo que tem uma base agrícola espetacular, uma infra-estrutura de transporte e energia muito boa, um padrão cultural muito elevado, é um povo que hoje tem 40% de sua população transitando da linha da pobreza para a miséria, tem zonas em que a subnutrição infantil lembra Biafra, tem uma taxa de mortalidade infantil ascendente e está literalmente morrendo de fome tendo as melhores terras agrícolas do mundo, sem saber o que fazer com seus excedentes exportáveis de trigo e de carne.

O que se constata na Argentina e é absolutamente surpreendente, e é aí que está a grande lição para o Brasil, a meu juízo: é que os argentinos estão livres, mas não sabem. Como eles já entregaram tudo e não têm mais nada para entregar – só se se restabelecer um mercado mundial de escravos, peças da Índia, peças da Patagônia –, são, tirante isto, um país livre. Tem a Argentina alguma limitação estrutural para realizar um programa de fome zero? Faz a sua fome em zero em um ano. Tira de letra. Resolve essa questão com uma velocidade espantosa. Tem a Argentina problemas muito sérios para fazer funcionar uma boa rede educacional, uma boa rede de saúde? Não, não tem problema nenhum. Basta poder gastar pesos – mas a Argentina não tem moeda mais, o governo argentino é proibido de ter moeda. Na verdade é tão dramática a proibição, que surgiram na Argentina moedas provinciais. Você vai a um supermercado argentino e no caixa tem o seguinte aviso: aceito dólar, peso e patacões, que é a moeda provincial da província de Buenos Aires emitida pelo governo provincial.

A Argentina não tem mais moeda, não tem mais soberania. E não tem soberania também porque o povo argentino colocou sob suspeita completa, total e absoluta algo que eles explicam assim: quais são os culpados das crises argentinas? Só tem um culpado, é um gênero, chama-se *los politicos*. Ouvi essa resposta dada pelos setores os mais variados da vida social argentina, até da boca de dois ministros de estado. São *los politicos los culpados*. Quando? Em *los últimos cinqüenta años*. O que os argentinos dizem é: nós não podemos ser soberanos. Aliás, eles são absolutamente coerentes com isso quando 43% da população de Buenos Aires votaram por uma junta interventora para administrar o país, uma opção para resolver o problema.

A Argentina tem a liberdade e não sabe desfrutá-la. Ela está inteiramente paralisada para restaurar a nação. Ela precisa refundar a nação argentina, mas ela não a refunda. A nação argentina não tem mais o estado legitimado, toda a população o coloca sob suspeita. É uma suspeita de si própria de poder organizar o estado. Ao mesmo tempo não tem moeda. E então vamos ver o dilema que está dentro do coração de cada argentino. O dilema que está no coração de um pequeno comerciante argentino que está com o seguinte quadro: o seu negócio cada vez vende menos, o seu filho está desempregado, ele quer vender o seu negócio e ninguém compra. Ele sabe que vai ter que fechar a loja, acabar com o seu estoque, porém ele tem depósitos bloqueados na rede bancária, no **corralito**, hoje liberados, e tem aplicações no mercado financeiro, bloqueadas no "**corralão**", que ainda continua. Ele raciocina: "Eu era rico, tinha um negócio que valia tantos pesos, tantos dólares, teria depósitos que valiam dólares. Eu era rico. Eu quero que me garantam os dólares". E não raciocina que ele quer que o filho dele tenha emprego, que sua família tenha pão e carne, que a escola funcione para o seu neto e que tenha assistência médica. Ele não quer ser argentino, ele quer ser dono de uma fração da riqueza mundial. Só que a Argentina é um país que é formado por uma quantidade imensa de pessoas que querem ser isso, portanto, não querem ser argentinos. Não aceitam estar num país que é irrelevante para o sistema mundial. Eles querem porque querem ter o seu patrimônio em dólar e, com isso, eles renunciam a ser argentinos. Só que, como não têm dólar, eles não têm nem patrimônio, nem nação. Eles não têm nada. A sensação de orfandade é brutal.

Por que estou falando da Argentina? Não estou querendo fazer nenhuma maldição para o Brasil. Quero dizer que a rota que a Argentina seguiu é, de certa maneira, uma rota que nós viemos seguindo nesses últimos vinte anos. Nós também fomos privatizando o aparelho de estado – não o privatizamos na extensão, na radicalidade e na integridade desconstrutiva da Argentina –, porém nos movemos nesta direção. Nós também permitimos que as nossas cadeias industriais fossem fraturadas, que muitos dos nossos segmentos estratégicos, a começar pelos bancos, fossem transferidos para controle externo. Tivemos e temos uma política cambial bastante parecida, sem ter a bobagem de permitir a conta bancária em dólar – porque eles permitiram até isso, a conta bancária em dólar – com paridade fixa. Nós nunca fizemos essa temeridade. Enquanto que a conta bancária valia para 70% dos argentinos, o **CC5** só vale para 0,0001% dos brasileiros espertíssimos. Aqui há uma certa diferença.

Quero cotejar um pouco o Brasil com a Argentina, primeiro, afirmando o seguinte: nós estamos nos movendo na mesma direção embaídos de algumas convicções, alguns discursos que dizem: "Isto não acontecerá conosco". Como sou favorável a posições mágicas, afinal sou brasileiro, eu também quero crer que isto não acontecerá conosco. Porém, tendencialmente, nós nos movemos na mesma direção. A natureza dos nossos problemas não é radicalmente diferente. Vejamos, por exemplo, o plano da fome. Só que, aqui no Brasil, temos uma fome crônica que os argentinos já algumas décadas atrás haviam conseguido eliminar. Os argentinos hoje são neofamintos, nós somos famintos seculares. Para superarmos a nossa fome vamos ter a necessidade de aumentar a nossa produção de grãos, até porque para quem gosta de comer frango, ovo e talharim usando ovo, precisa de milho que produz a proteína branca que é a proteína possível. Precisamos de milho e de soja. Há vinte anos nós temos no Brasil uma empresa chamada Embrapa, de pesquisa agropecuária, e a pesquisa brasileira conseguiu um prodígio: pegou a soja, que era uma planta de clima temperado, e converteu-a numa planta de clima tropical. Com isso e mais Brasília foi possível converter o Brasil Central, que eram solos considerados sem vocação agrícola, nos melhores solos agrícolas mecanizáveis do Brasil. Passamos a produzir soja com uma tal produtividade que nos convertemos no segundo produtor mundial e maior exportador mundial de soja. Mas a Monsanto hoje é a dona de 62% da produção de semente de soja do país. A Embrapa desativou a sua pesquisa de sementes. E a produção do milho caiu. E os estoques reguladores de grãos brasileiros estão zerados, não existem mais. Nós não temos grãos para enfrentar o problema. Complicado ou não? Nós precisamos que a Monsanto esteja conosco nesse programa. Porque a Embrapa já foi adequadamente mutilada, reformatada, despojada de sua presença. Energia, eu não vou falar do apagão. A mãe natureza fez do Brasil a Arábia Saudita da energia elétrica, mas nós conseguimos nos últimos dez anos desconstruir o que era o melhor sistema de geração e distribuição de energia hidráulica do mundo. Vinham pessoas de fora para conhecer a maneira pela qual o Brasil geria o seu macrossistema de energia, que nós interarticulávamos num único sistema três bacias com meteorologias diferentes. Nós conseguimos agora prodígios do seguinte tipo: a Light não paga a Furnas. Furnas não interrompe o suprimento da Light porque não pode fazer isso, mas a Light interrompe o suprimento da Universidade Federal do Rio de Janeiro por causa do seu reitor. Não se mutilou totalmente o sistema hidrelétrico, mas se avançou muito nessa direção.

Os campos de petróleo argentinos foram bastante depredados, a nossa Petrobras resiste apesar de ter cedido lotes à Shell no interior da bacia de Campos, e a Shell encontrou petróleo lá. Mas nós ainda temos a Petrobras, apesar de haver um discurso, hoje, de que ela é apenas uma empresa de petróleo que deve competir no mundo com as demais petroleiras. Devem ser deixadas de lado as vantagens, indecentes, que ela tem para competir no mundo, por exemplo ser única dona dos lotes onde ela já havia encontrado petróleo ou onde ela sabia que havia petróleo. E se é para competir, ela tem que deixar que eles venham competir com ela, a regra é essa. É muito interessante esse jogo, mas a verdade é que a Petrobras é ainda a responsável por 80% do petróleo que nós consumimos. Hoje o Brasil está numa situação melhor em relação ao petróleo que os EUA, que só têm 50%. Então, nisso nós estamos bem. Em outras coisas nós estamos mal. Se eu fizer um balanço do Brasil vis-à-vis a Argentina, eu diria que nós temos condições admiráveis para fazer o que os argentinos não têm coragem de fazer, que é construir um projeto nacional que estabeleça como prioritária a soberania e o crescimento do próprio país segundo as suas próprias prioridades. Os povos argentinos estão morrendo de fome, entretanto têm grãos e podem produzir grãos com grande rapidez. Aliás, um acordo Brasil e Argentina em matéria de grãos seria absolutamente fundamental para a equação brasileira do Fome Zero, só que isso não pode ser feito em dólar porque eles não têm dólar e nós também não temos. Então, teria que existir uma moeda latino-americana que permitisse as trocas entre a América Latina. Para isso, porém, é preciso que haja não um projeto nacional brasileiro, mas haja um projeto nacional sul-americano. Eu ousaria dizer uma heresia: seria necessário um projeto bolivariano. Combinando com essa coisa do petróleo, nós brasileiros, nos últimos 25 anos, fizemos coisas admiráveis. Por exemplo: construímos uma hidrelétrica no Paraguai, mas estabelecemos cotação em dólar para essa energia. Como a energia, a grosso, de Itaipu entra em toda a rede brasileira, nós indexamos ao dólar todos os nossos preços energéticos. Isso tem a seguinte conseqüência: qualquer desvalorização cambial eleva fantasticamente as tarifas energéticas feitas com água brasileira, com usinas já totalmente amortizadas e instaladas dentro do país. Nós somos notáveis em renunciar aos nossos graus de liberdade, como num outro exemplo: somos o único mercado para o gás da Bolívia, mas assinamos com a Bolívia um acordo de pagamento em dólar. Isso foi feito pelo ex-primeiro genro. A Bolívia podia se converter perfeitamente num mercado para pagamentos e negócios feitos em real. Os bolivianos adorariam ter reais, mas nós garantimos dólares. Nós dolarizamos a nossa matriz energética, uma conquista do modelo neoliberal brasileiro. Na Argentina os argentinos não resolvem o impasse porque eles não querem ser argentinos. Se nós brasileiros não quisermos ser brasileiros, nosso destino é ir rigorosamente na direção da Argentina, porque com taxas de juros desta magnitude e superávits fiscais tais como são exigidos, nós não iremos para lugar nenhum. Nós temos 25 mil quilômetros de estradas de rodagem que estão apodrecendo porque não houve interesse na privatização e manutenção da rede. Nós temos um sistema de ciência e tecnologia que ainda resiste, mas já estão se abrindo buracos importantes no sistema. Nós temos uma universidade pública que perde posição e o que cresce é o negócio da mercadoria educacional feito em universidade de péssima qualidade. Nós temos uma educação que faz com que os alunos da escola de ciclo médio não consigam interpretar textos elementares. Eu pessoalmente adoraria, por exemplo, eliminar a fome, universalizar a educação, expandir a cobertura da saúde, melhorar a habitação. O interessante é que tudo que estou falando implica dispêndio em moeda interna, não é matéria de comércio exterior, e tem reduzidas implicações sobre o comércio exterior. Da mesma maneira que a fome Argentina é um problema interno com solução interna. Os argentinos têm pão e carne e não podem dar para o seu povo comer, mas também não podem vender para fora e, com isso, a agricultura argentina é moribunda, num belo suicídio coletivo nacional. A Argentina está se suicidando. O Brasil vai também se suicidar? Se nós insistirmos em manter a taxa de juros alta, se nós pagarmos a reverência ao mercado e se nós mantivermos a política de superávit fiscal primário, hoje executada, nós vamos nos suicidar sim. Eu acho que nós estamos vivendo um momento muito especial pelo seguinte: o Brasil deu uma fantástica demonstração de vitalidade política ao eleger um operário que se tornou um estadista. Nós demos ao mundo uma demonstração de impressionante maturidade política nesse episódio. Nós fizemos uma declaração absolutamente inequívoca de vontade nacional de ser. Agora, realísticamente, se nós tomarmos as decisões estratégicas de não ser, nós estaremos vivendo um dilema muito crucial.

SÉC. XXI – MODERNIDADE E PÓS-MODERNIDADE

Eduardo Portella*

Se nos inclinarmos para fazer uma espécie de esboço da questão da modernidade, vamos nos deparar com alguns problemas.

O primeiro deles é a dificuldade cronológica de demarcar a modernidade. Se olharmos um pouco para o passado, veremos que os italianos costumam imaginar que a modernidade nasceu no "*quattrocento*" italiano. Os portugueses preferem supor que a modernidade nasceu com as navegações. Os espanhóis, com as descobertas. E o Ocidente, de uma maneira geral, o Ocidente europeu, acredita que a modernidade propriamente dita nasce com as luzes, com o Iluminismo alemão ou com a Ilustração francesa. Uma das duas ou as duas simultaneamente. É uma modalidade de exercício prioritário de uma razão hegemônica, da razão que predominou ao longo da história da metafísica do Ocidente. Essa, portanto, é a primeira dificuldade cronológica.

O segundo é a descontinuidade da modernidade. Nós temos uma tendência a imaginar que a modernidade é um percurso contínuo quando, na verdade, a modernidade é um percurso cheio de idas e voltas, de baixos e altos; conseqüentemente, a idéia de uma continuidade não daria conta criticamente do que é talvez a modernidade. Essa modernidade teve algumas ambições maiores, talvez Freud possa ser representante de uma modernidade iluminista. É quando a razão se dirige para zonas até então não acessíveis. De qualquer maneira, há no percurso da modernidade um compromisso com a ciência e com a técnica e ela terminou assumindo algumas feições extremamente perversas quando a razão da modernidade foi posta a serviço de tarefas destruidoras. E é freqüente esta razão se encaminhar por esses rumos imprevisíveis, talvez, e indesejáveis certamente.

Neste quadro nós podemos ver ainda como a modernidade se comporta com relação à emergência das nações modernas. Primeiramente, há uma modernidade que se confunde com a idéia de nação. Em seguida, há uma modernidade que se preocupa com internacionalizar-se, uma espécie de

* Presidente da Fundação Biblioteca Nacional, quando do Ciclo de Palestras. Bacharel em Ciências Jurídicas e Sociais; doutor em Letras; ensaísta e professor emérito da UFRJ; e membro da Academia Brasileira de Letras. Fundou e dirige a revista Tempo Brasileiro. Publicou vários livros e artigos em periódicos especializados, nacionais e internacionais. Preside o Fundo Internacional para Promoção da Cultura, sediado em Paris (Unesco).

internacionalismo da modernidade. E depois, há uma desnacionalização da modernidade e, conseqüentemente, uma pós-nacionalidade, um pós-nacional.

Nessa seqüência de identificações, de sinais, de pistas, nós vamos perceber também uma sucessão de perdas. A história da modernidade não é necessariamente uma história eufórica, uma história triunfante e inevitavelmente edificante, é também uma história de perdas. Provavelmente, a primeira dessas perdas é a perda do Paraíso. Milton identificou, mais longe, a primeira grande perda, que seria a perda do Paraíso. Com essa perda do Paraíso coincide também a emergência da razão. Em seguida nós temos uma perda das ilusões. Quem faz a crônica, provavelmente maior, da perda das ilusões é Balzac, que soube, como poucos, identificar no corpo da plenitude moderna esta perda das ilusões. Em seguida vêm as gerações dos economistas, sobretudo os americanos tipo **Galbraith** e outros desse tipo, que começaram a falar na perda das certezas, porque esse tipo de razão, que se confunde com a história da modernidade, é uma razão extremamente autocentrada e auto-suficiente. Conseqüentemente, a idéia de certeza está localizada no centro, no núcleo da compreensão desse tipo de raciocínio, de esforço crítico. Perdemos, portanto, as certezas. E hoje, o que é talvez até mais grave e comodamente cômico é a perda do emprego. A modernidade foi de sucessivas perdas até chegar ao que se poderia chamar hoje a perda do emprego. É sempre, em todo o instante, o império da razão hegemônica que é fundamentalmente uma razão excludente. Uma razão com dificuldades de compreender o outro, de se relacionar com o outro, porque ela está toda fundamentalmente centrada no mesmo.

Comecemos a pensar na pós-modernidade. A idéia de pós, a terminologia pós não me parece a mais adequada. Eu tenho uma tendência a supor que o mais adequado seria falar-se em baixa modernidade, ao invés de falar-se em pós-modernidade, porque a idéia de pós-modernidade tem um núcleo evolucionista. Nós todos temos a tendência a imaginar que alguma coisa que é pós, é alguma coisa que se acrescenta, que está para além de. E não é exatamente este caso. Há momentos em que nós vamos perceber, na modernidade ou na pós-modernidade, um esgotamento, uma debilitação das linhas de força da modernidade e, se isso é verdade, fica difícil nós imaginarmos ou aceitarmos que a pós-modernidade é um acréscimo inevitável, quase fatal, sobre o percurso da modernidade. Não, há momentos em que ela pode ser exatamente uma carência de experiência moderna visível em determinadas manifestações. Essa sensação equívoca de acréscimo perturba o valor terminológico de pós-modernidade. A terminologia se torna uma terminologia enganosa. A pós-modernidade não necessariamente acrescenta, ela acumula e empilha. Normalmente ela não substitui meramente por outro, ela junta, superpõe. O verbo exato da pós-modernidade é superpor no lugar de pôr, de colocar. Ela empilha e amontoa por uma tendência c basicamente crítica. Por isso nós vamos notar dois outros dados que são confluentes e são contemporâneos da pós-modernidade. O primeiro é o enfraquecimento do eixo ético e o abandono moral. Se nós examinarmos as grandes narrativas do ocidente, que já foram chamadas de metas narrativas, nós vamos ver que há sempre um eixo ético que determina, de alguma maneira, a movimentação das cenas dos personagens e dos enredos. Nesse caso específico, há uma espécie de abandono moral que gera uma disponibilidade muito grande, e a desconstrução, sobretudo francesa, explorou bastante. Eu fico com receios de tentarmos trocar em linguagem bem acessível, bem simples, mas, o que fez a desconstrução? Nos retirou as referências que nos seguravam ou nos estabilizavam, de uma maneira ou de outra, até aqui e não pôs nada no lugar, nós perdemos as referências e não obtivemos as substituições correspondentes àquelas referências perdidas. Então, no lugar dela, com um esforço muito grande, sobretudo na Alemanha, na última rodada da escola de Frankfurt, vem, provavelmente, um esforço de reconstrução. Alguns pensadores estão contentes abertamente como é o caso de Jurgen Habermas, que fala constantemente nas necessidades reconstrutivas. Este abandono ético no campo da produção intelectual, e até da produção narrativa, nos mostra que o virtuoso vai cedendo, progressivamente, ao virtual, quer dizer, o virtual é a velocidade da mensagem menos o componente ético, que é considerado, no ritmo da pós-modernidade ou da baixa-modernidade, um elemento de perturbação, não só das avaliações ou perturbações do próprio ritmo de desenvolvimento, mas também dos valores das coisas.

Chegamos, portanto, à sociedade de massa ou já estamos dentro da sociedade de massa. Não sei se hoje podemos ainda falar de sociedade de massa ou de sociedade de margens, provavelmente das duas coisas. Lembro-me de um livro clássico de Ortega y Gasset, que se chamou "Rebelião das Massas," no qual ele anteviu uma fundada preocupação, o que poderia significar a emergência desordenada das massas. Nós vamos percebendo que as massas continuam com a sua desordem. A idéia de massa elimina a idéia de singularidade, traço individual, identidade ou identificação. E, progressivamente, nós vamos cedendo a idéia de margem. Hoje, talvez, o que exista mais é uma rebelião das margens, mais até do que uma rebelião das massas. Se examinarmos movimentos, oscilações, tipo Movimento dos Sem Terra e outros, nós vamos ver que a margem começou também a se organizar. Talvez a margem, por ser posterior ao advento da massa, tenha um nível de organização maior do que a massa. A margem é mais organizada do que a massa. E finalmente, já tentando localizar essas pequenas inquietações no espaço brasileiro, eu concluo dizendo que o Brasil corre o risco de ser um país pós-moderno sem ter sido um país moderno. O Brasil não completou o ciclo, também não sei se alguém completou. Há quem diga que o projeto moderno continua um projeto em aberto, mas, de qualquer maneira, no caso brasileiro, está muito claro que o Brasil não esgotou a experiência moderna. Nós tivemos nos anos 22 o Modernismo e acho que já chegou a hora de fazermos uma espécie de revisão do que ele significou. Eu tenho a impressão de que o modernismo foi antimoderno. Foi uma volta, em grande medida, ao Brasil profundo, e um elogio desesperado da não-razão, o que são valores da não-modernidade, já que no centro dela impera a razão. E o modernismo também não conseguiu desdobrar algumas compreensões da nacionalidade e isto nos leva a uma determinada preocupação que eu deixo aqui como uma questão em aberto, que é a preocupação com essa interrogação incômoda. O modernismo brasileiro foi moderno ou não? Ou o que nós fizemos foi uma contramodernidade nos próprios tempos modernos?

A PÓS-MODERNIDADE

Emmanuel Carneiro Leão*

Qual é a experiência de história donde provém e a que remete a pós-modernidade?

A pós-modernidade provém da modernidade e nos remete a um conjunto de fenômenos de transformação radical que avassaladoramente vai cobrindo todos os espaços da existência atual e futura dos homens em sociedade. É o sentido do prefixo, "pós", nas expressões, pós-moderna e pós-modernidade. Os progressos da técnica, as descobertas das ciências, as ideologias do tempo desencadearam uma avalanche tal que levou de roldão e destruiu pela base os princípios de ordem e as forças de ordenamento que definiam o perfil e desenhavam a fisionomia do mundo moderno. Desta avalanche brotaram os fenômenos pós-modernos.

Exemplos destes fenômenos pós-modernos são: a sociedade do conhecimento, a sociedade em rede, a sociedade do consumo, a cibercultura, a engenharia genética, a eliminação e perda da linguagem simbólica, a inteligência artificial, as próteses microeletrônicas, o ciborgue!

Na impossibilidade de discutirmos todos esses fenômenos pós-modernos, vamos restringir-nos apenas a caracterizar e questionar, quanto aos valores, a sociedade em rede!

A sociedade em rede não é uma máquina, nem a máquina, nem um conjunto de máquinas, ou procedimentos, de artefatos ou ferramentas. A técnica deixou de ser um fator entre muitos outros que vieram integrar-se a posteriori numa sociedade não técnica, numa civilização autônoma e natural. Na sociedade em rede, a técnica se tornou dominante, é o domínio de tudo. É da técnica que depende todos os fatores. A técnica já não é apenas uma intermediação incompleta ou parcial entre o homem e a natureza, meio natural de sua existência. O meio resulta todo, é dominado todo, é explorado todo pela técnica. A sociedade em rede substitui progressivamente com vantagem todo o real. Trata-se de um ambiente completo e total em que o homem, a sociedade, a cultura, a civilização, tudo se vê compelido a viver e a determinar-se. É a atmosfera

* Professor emérito de Filosofia da UFRJ, membro da Academia Brasileira de Filosofia e do Instituto Brasileiro de Filosofia. Publicou diversos trabalhos no Brasil e no exterior, entre eles: "Aprendendo a Pensar" (Ed. Vozes) e "Significato atque functione imaginationis transcendentalis apud Heidegger" (Heraklitslehre vom Logos, Roma).

em que nos movemos, vivemos e somos. Não é apenas uma totalidade entre muitas outras, mas a totalidade que tudo absorve e decide. O exemplo concreto da sociedade em rede criada e administrada pela técnica é a grande cidade. É nela e por ela que a técnica exclui qualquer outra realidade, seja natural ou cultural, seja simbólica ou histórica. Fora da cidade, resta apenas ou a urbanização do campo ou a desertificação do interior.

Esta exclusividade da técnica nos mostra que a sociedade em rede constitui a realidade, o ar em que o homem pós-moderno se descobre inserido. Exige da parte dos homens uma reformulação estrutural completa de todos os modos de ser e comportar-se até então vigentes, de seus valores, de suas tradições, de sua ética e da moral, dos padrões intelectuais e fisiológicos de tudo que tinha sido o homem até então. Pela técnica absorvente e dissolvente, a sociedade em rede monta um sistema, no sentido estrito, de um conjunto de totalização em que tudo é captado e absorvido de maneira radical. Que maneira é esta? É a maneira rizomática, a saber: em primeiro lugar, cada integrante vai transformando-se em elemento do sistema, cada integrante só tem sentido, isto é, valor, significação e importância, graças à função que lhe confere o todo do sistema. Em segundo lugar, toda recodificação de um elemento repercute e reverbera sobre o conjunto todo e o modifica. E toda modificação do conjunto traz e arrasta consigo uma transformação das relações dos elementos. Por último, existe e opera uma relação exclusiva entre os elementos do sistema. Esta relação se compõe de autonomia, unicidade, de universalidade e totalidade. A sociedade em rede está toda presente em cada uma de suas partes, em cada uma de suas funções, em cada um de seus desempenhos. Não há tempo nem espaço. Só há simultaneidade e onipresença. As características da sociedade em rede são as características de seu próprio funcionamento, a saber: automação, autocrescimento, ausência, não se trata nem mesmo de exclusão, é ausência de finalidade ou valor que venha de fora do sistema. Toda progressão é eficiência e tende a acelerar-se por meio de retroação e auto-regulação.

O problema dos valores, de qualquer natureza ou nível que seja, o problema do comportamento humano, por exemplo, só pode ser levado em conta, como tudo o mais, em relação a sua dependência de todo o sistema, do sistema, em seu todo, e não em relação a tal ou qual referência individual e autóctone. Não há nenhuma preocupação nem mesmo possibilidade de se usar ou fazer alguma coisa, por ser boa em si. Não existe a consigna de fazer o bem! Só existe a necessidade de fazer bem. Dado que a sociedade em rede é um sistema técnico, o problema ético, moral ou humano só pode ser colocado em função da totalização da rede. Não têm sentido algum as escolhas particulares, os valores singulares. Trata-se, pois, de uma revolução radical, *a sedibus immis* que atinge qualquer hábito ou paradigma de dever ser ou de vir a ser. A única prescrição admitida é a descrição do sistema em sua construção, em seu aperfeiçoamento e manutenção.

Costuma-se pôr a questão do valor, a questão ética a partir da singularidade, da originalidade e excepcionalidade das pessoas. O homem não é só indivíduo, o homem é uma singularidade, isto é, uma palavra exclusiva que, uma vez pronunciada, já não pode ser repetida. Esta condição foi triturada e consumida pela sociedade em rede. O homem faz parte da rede, como fio de uma teia sem aranha. O homem não tem à sua disposição a rede como dispõe de seu automóvel. O carro, o homem pode utilizá-lo para fazer um bem ou um mal. O carro é um meio neutro, depende da decisão do usuário para se especificar quanto aos valores. Ora, na sociedade em rede o automóvel pertence ao sistema da técnica. Isto significa: o carro deixa de ser um meio autônomo. Sua utilização é relativa, já não depende da decisão humana. O simples fato de ter e usar um automóvel modifica e transforma o condutor. O homem não é o mesmo homem quando está ao volante e nem é o mesmo homem em casa na família como na direção do carro. Provém e induz uma série de conseqüências ontológicas, no comportamento dos homens, tanto psicológicas, quanto sociais, quanto institucionais.

Pois, ter e usar um meio técnico não se reduz a um fato isolado, particular e exclusivo. Inclui também, necessariamente, entrar no sistema técnico. E este já não é nem neutro nem dominado ou controlado pelo homem. O sistema técnico tem suas próprias regras de funcionamento e seus princípios de ser e realizar-se que provocam conseqüências em cadeia nos homens. Sociedade em rede não é, pois, uma instrumentação neutra, ela tem suas orientações, suas implicações, suas condições. Ela modifica o homem em seu todo e transforma-lhe toda a paisagem humana.

Também não corresponde à sociedade em rede, a pretensão de que o homem deve estabelecer as finalidades para o uso e aplicação do grande poder que a técnica lhe põe nas mãos. É uma outra ilusão equivalente à primeira. A técnica não é um conjunto de meios adequados que a sociedade em rede nos oferecesse para realizar nossos propósitos. A suposição deste entendimento é que o homem possa controlar e dominar o fenômeno da técnica e o único desafio seria apenas estabelecer fins corretos, convenientes e verdadeiros. Não é assim. A técnica é um poder autônomo. Ela só oferece um sistema de meios e ferramentas por ser dotada de leis e princípios próprios. Os procedimentos e recursos da técnica têm seus próprios princípios autônomos que não se acham subordinados a fins. Deve-se distinguir aqui entre fins (por exemplo, valores humanos), objetivos (por exemplo, ideais sociais), e metas (por exemplo, a solução de um problema). A técnica, como a ciência, evolui em função de metas, não visa a objetivos gerais nem está comprometida com fins éticos, humanos, espirituais, sociais ou de qualquer natureza que seja. Não há homogeneidade entre a proclamação de valores, por exemplo, de justiça, liberdade, solidariedade, e a orientação e sentido do desenvolvimento técnico. Os defensores de valores não têm nenhuma influência sobre os operadores da técnica e não podem exigir que se interrompa uma pesquisa ou se proíba o desenvolvimento de certas técnicas em nome de um valor humano qualquer. É o que tem demonstrado a clonagem reprodutiva de seres humanos. A grande fragilidade da posição finalista é ignorar uma lei constitutiva de todo desenvolvimento tecnológico, a saber, a técnica não age nem funciona por fins, mas exclusivamente por meios. O seu movimento se desenrola segundo um processo de fazer e nunca segundo um ideal de valor.

Quais são as conseqüências para os homens e a sociedade deste terceiro milênio desta avassaladora sociedade de rede?

Na pós-modernidade, a cibernética ocupa o lugar dos princípios e desempenha a função de articular e fundar as áreas de conhecimento e práticas sociais que antes ocupava e desempenhava a Filosofia. A pós-modernidade vai transformando-se cada vez mais no hibridismo de um ciborgue. De sistema de órgão e aparelhagem com funções vitais de metabolismo, o homem vai progressivamente passando para uma composição mista de órgãos bióticos e próteses eletrônicas. De *homo sapiens* se torna *homo microeletronicus*: as relações pessoais resultam da fusão paulatina entre herança genética manipulável e técnica eletrônica restauradora. Um novo cérebro se anuncia composto de outros processadores, exclusivamente criadores e reprodutores de informações.

Uma nova ecologia torna Gaia um centro tecnológico de números, funções e artifícios em permanente jogo de construção e desconstrução, de ordem e desordem com chips, bits e bytes em contínua expansão.

A pós-modernidade é o sistema da técnica em expansão. Três são as fontes que o alimentam e de que vive seu desenvolvimento. A primeira fonte é o mundo da matéria que lhe fornece energia. A segunda fonte é o mundo dos cérebros que lhe processam informações. A terceira fonte é o mundo dos artefatos cibernéticos e microeletrônicos que depois de produzidos se tornam autônomos e seguem seus próprios caminhos. A leitura que este sistema da técnica produz de si mesmo se constrói sobre o próprio funcionamento e desempenho de suas virtualidades cibernéticas. É a leitura técnica do sistema da técnica. Com ela se mostra não apenas o que significa transformar o real em objeto e o objeto em dispositivo, mas sobretudo que já não há lugar para nenhuma outra leitura. Com isto pretende-se excluir qualquer visão e experiência antropológica do sistema que inclua um sentido filosófico e simbólico. Pois uma análise na perspectiva do homem, como pessoa e sócio, já não falaria do sistema da técnica em si mesmo e sim do que os homens, como pessoas e sócios, fazem a propósito da técnica e por meio dela ou com vistas ao sistema da técnica. Neste caso, falar-se-ia das interações entre seres humanos e o sistema técnico ou das repercussões nos seres humanos dos sistemas microeletrônicos mas não dos sistemas em si mesmos. O que diria, então, referir-se-ia não à própria técnica em si mesma, mas às representações e imagens mais ou menos antropomórficas que fazem do sistema técnico.

Do ponto de vista dos desafios e impactos do sistema da técnica na pós-modernidade e como pós-modernidade, os problemas da interação e das trocas homem-máquina são decisivos e por isso se tornam indispensáveis e urgentes sua colocação e questionamento. E são justamente as questões do poder e da dominação com que nos atacam os impactos da globalização nas interações entre o sistema da técnica e os sistemas humanos e sociais. A caracterização de três destes impactos servirá a título de conclusão, para deixar entrever a profundidade e o sentido das transformações em causa na pós-modernidade. Um primeiro impacto interessa à globalização do poder e da política. Hoje tudo é política. A cada passo nos deparamos com política. O poder foi-se totalizando e se fez providência universal: tudo é poder, o poder é tudo. Todo e qualquer problema é uma questão política e da política. Todas as áreas de atividade histórica e cultural vão sendo absorvidas pelo sorvedouro do poder. A política foi-se alargando, alargando e terminou na globalização por alargar tudo. E qual é a crise da globalização? – Para alçar-se a uma extensão planetária, a política teve de esvaziar-se ao máximo. E neste vazio, o sistema técnico foi substituindo a antiga política pelos poderes cibernéticos da informatização.

O segundo impacto se refere ao estiolamento da linguagem pela perda progressiva de surpresa e criatividade. A linguagem se reduz a um instrumento automático de processar informações. As possibilidades significativas de uma língua se determinam e se medem pelo jogo de usos. Fosse suficiente esta determinação, nunca poderia haver no interior de uma comunidade lingüística crises de incompreensão. Ora, a vitalidade de uma comunidade lingüística está na razão direta de sua capacidade de sofrer e suportar crises de incompreensão. Quando a envergadura do uso já não pode articular o jogo das experiências criadoras, determinada língua entra em crise, buscando vencer o perigo de tornar-se insensata. É que uma língua só comunica se e na medida em que sua competência tiver sentido, isto é, enquanto puder articular as experiências inovadoras partilhadas pela comunidade. Responder à pergunta se um discurso é ou não é significativo equivale a responder à pergunta: que dimensão da experiência comunitária ele exprime, consolida e transforma? Só depois é que se poderá tratar da correta aplicação de regras e da observância de princípios de cálculo, sejam eles de ordem monotônica ou politônica. Porque só um discurso significativo nestes termos é criador; por isso também, a questão do sentido prevalece sobre a questão da validade e eficiência de sistemas microeletrônicos e circuitos integrados.

Na pós-modernidade estamos vivendo cada vez mais as ameaças de insensatez dos discursos. Se formos bastante informatizados para nos entregar a inversões extremadas já não sobrará outra alternativa senão a de renunciar à criatividade de toda linguagem e de toda língua materna e originária.

Os informatizados pós-modernos já dão sinal de aprisionamento num mundo pobre de linguagem criativa. Daí a vaga crescente das siglas, dos logotipos, das fórmulas de toda espécie. Um processo de graves conseqüências políticas que a globalização promove e planetariza. A linguagem natural vai perdendo sempre mais autoridade, num mundo em que se necessita cada vez menos das línguas naturais. Ora, tudo que o homem conhece, sente, pensa, sabe ou faz só se torna realmente significativo, só adquire sentido essencial, se houver possibilidade de diálogo, à medida que dele se puder falar a partir de sua linguagem. Não há verdade num singular automatizado, fora de toda envergadura de participação. Toda verdade é plural. A verdade só se dá e acontece por existirmos no plural, numa correnteza que nos arrasta para uma convivência de diálogo. Enquanto vivermos, pensarmos e agirmos nesta terra, só faz sentido o que pudermos falar uns com os outros. O esvaziamento das línguas naturais é uma conjuntura que o sistema da técnica na globalização traz consigo cada vez mais.

Um terceiro impacto provém de uma atitude negativa diante do trabalho. O mundo informatizado não gosta de trabalhar. O trabalho não tem valor em si. Só vale como meio e instrumento. E se trata de meio precário, de instrumento primitivo. A automação e robotização se tornam a panacéia do trabalho. Vão rompendo progressivamente com os laços imemoriais que, desde sempre, o trabalho entrelaça homem e terra, animal e natureza. Com a automação promete-se desmascarar o trabalho como necessidade histórica da existência. Reduzindo o homem a usuário, a pós-modernidade unidimensionaliza a sociedade, como se indivíduos e grupos só existissem para consumir. É que no mundo pós-moderno a informatização virtual só sabe mesmo produzir. Não conhece outras atividades pelas quais valesse a pena lutar e libertar das peias do consumo. A sociedade pós-moderna cada vez mais informatizada e virtual não dispõe de instâncias que pudessem mobilizar outras potências da condição humana. Mas tudo isso, toda esta virtualização informatizada, será mesmo viável? Será mesmo possível viver num mundo só virtual, em que o trabalho manual, traço de união com a terra, fosse totalmente substituído pela automação? Será mesmo possível morar num mundo sem as vivências criadoras da linguagem, onde as línguas naturais tivessem seus discursos exorcizados pelas monossemias de línguas e metalínguas cibernéticas?

Para saber mais sobre nossos títulos e autores,
visite nosso site:
www.mauad.com.br

Este livro, da MAUAD Editora,
foi composto em Iowan Old Style (9,5/13,2)
e impresso em papel pólen bold 90g,
na gráfica Sermograf.